BEI GRIN MACHT SIC
WISSEN BEZAHLT

- Wir veröffentlichen Ihre Hausarbeit, Bachelor- und Masterarbeit

- Ihr eigenes eBook und Buch - weltweit in allen wichtigen Shops

- Verdienen Sie an jedem Verkauf

Jetzt bei www.GRIN.com hochladen und kostenlos publizieren

Erik Silge

Chancen und Risiken der Sustainable Balanced Scorecard

GRIN Verlag

Bibliografische Information der Deutschen Nationalbibliothek:

Die Deutsche Bibliothek verzeichnet diese Publikation in der Deutschen Nationalbibliografie; detaillierte bibliografische Daten sind im Internet über http://dnb.d-nb.de/ abrufbar.

Dieses Werk sowie alle darin enthaltenen einzelnen Beiträge und Abbildungen sind urheberrechtlich geschützt. Jede Verwertung, die nicht ausdrücklich vom Urheberrechtsschutz zugelassen ist, bedarf der vorherigen Zustimmung des Verlages. Das gilt insbesondere für Vervielfältigungen, Bearbeitungen, Übersetzungen, Mikroverfilmungen, Auswertungen durch Datenbanken und für die Einspeicherung und Verarbeitung in elektronische Systeme. Alle Rechte, auch die des auszugsweisen Nachdrucks, der fotomechanischen Wiedergabe (einschließlich Mikrokopie) sowie der Auswertung durch Datenbanken oder ähnliche Einrichtungen, vorbehalten.

Impressum:

Copyright © 2008 GRIN Verlag GmbH
Druck und Bindung: Books on Demand GmbH, Norderstedt Germany
ISBN: 978-3-640-18980-9

Dieses Buch bei GRIN:

http://www.grin.com/de/e-book/116880/chancen-und-risiken-der-sustainable-balanced-scorecard

GRIN - Your knowledge has value

Der GRIN Verlag publiziert seit 1998 wissenschaftliche Arbeiten von Studenten, Hochschullehrern und anderen Akademikern als eBook und gedrucktes Buch. Die Verlagswebsite www.grin.com ist die ideale Plattform zur Veröffentlichung von Hausarbeiten, Abschlussarbeiten, wissenschaftlichen Aufsätzen, Dissertationen und Fachbüchern.

Besuchen Sie uns im Internet:

http://www.grin.com/

http://www.facebook.com/grincom

http://www.twitter.com/grin_com

Fakultät II: Wirtschafts- und Rechtswissenschaften
Studiengang: Fach-BA Wirtschaftswissenschaften

Bachelorarbeit

Titel:

Chancen und Risiken der

Sustainable Balanced Scorecard

Vorgelegt von:

Erik Silge
5. FS BA Wirtschaftswissenschaften

Abgabedatum: 06.03.2008

Inhaltsverzeichnis

Inhaltsverzeichnis I
Abbildungsverzeichnis II
Tabellenverzeichnis III
Abkürzungsverzeichnis IV

1. Einleitung 1

2. Entwicklung der Balanced Scorecard 3
   2.1 Funktionen und Aufbau der Balanced Scorecard 5
   2.2 Weitere Kriterien für den Erfolg der Balanced Scorecard 14

3. Die Bedeutung von Nachhaltigkeit für zukunftsorientierte Unternehmen ... 20
   3.1 Abgrenzung des Begriffs Nachhaltigkeit 20
   3.2 Nachhaltigkeitsmanagement allgemein 23
   3.3 Erfolgskriterien nachhaltiger Managementkonzepte 26

4. Die Sustainable Balanced Scorecard 32
   4.1 Konzept der Sustainable Balanced Scorecard 32
   4.2 Übertragung der Erfolgskriterien und kritische Würdigung 38

5. Fazit 45

Literaturverzeichnis V
Anhang IX

Abbildungsverzeichnis

Abbildung 1: Von der Vision zu konkreten Aktivitäten... 6
Abbildung 2: Beispiel für kausale Zusammenhänge zwischen den Perspektiven... 7
Abbildung 3: Die BSC als stratgischer Handlungsrahmen 10
Abbildung 4: Anforderungen an kennzahlenbasierte Managementsysteme 15
Abbildung 5: Die vier Dimensionen des Nachhaltigkeitsmanagements 23
Abbildung 6: Herkömmliche Zuordnung von Managementsystemen 24
Abbildung 7: Anforderungen an nachhaltige Managementsysteme 27
Abbildung 8: Die fünf Perspektiven der Sustainable Balanced Scorecard 33
Abbildung 9: Beispiel einer SBSC-Matrix 34
Abbildung 10: Die vier Perspektiven der Balanced Scorecard X

Tabellenverzeichnis

Tabelle 1: Erstes Zwischenergebnis: funktionsbedingte Erfolgskriterien 13

Tabelle 2: Zweites Zwischenergebnis: konventionelle Erfolgskriterien 19

Tabelle 3: Drittes Zwischenergebnis: Kriterien für nachhaltigen Erfolg 31

Tabelle 4: Vergleich der funktionsbedingten Erfolgskriterien 38

Tabelle 5: Vergleich der konventionellen Erfolgskriterien 41

Tabelle 6: Übertragbarkeit der nachhaltigen Erfolgskriterien 45

Tabelle 7: Übersicht der Ergebnisse XI

Abkürzungsverzeichnis

AMD	= Advanced Micro Devices
AMS	= Managementsystem für Arbeitsschutz
BMBF	= Bundesministerium für Bildung und Forschung
BMU	= Bundesministerium für Umwelt, Naturschutz und Reaktorsicherheit
BSC	= Balanced Scorecard
CSR	= Corporate Social Responsibility
EK	= Erfolgskriterium
EKN	= Erfolgskriterium für die Implementierung nachhaltiger Strategien
KIS	= Keep It Simple
KMU	= Kleine und mittlere Unternehmen
QMS	= Qualitätsmanagementsystem
SBSC	= Sustainable Balanced Scorecard
TQM	= Total Quality Management
UMS	= Umweltmanagementsystem

1. Einleitung

In dieser Arbeit soll ein Vergleich zwischen zwei Managementinstrumenten, einmal mit, einmal ohne Berücksichtigung von Nachhaltigkeitsaspekten, gezogen werden. Der Fokus liegt dabei auf der konventionellen Balanced Scorecard (BSC) einerseits und auf der Sustainable Balanced Scorecard (SBSC) andererseits. Unter Betrachtung aktueller politischer, gesellschaftlicher aber auch unternehmerischer Entwicklungen liegt die Vermutung nahe, dass Managementkonzepte, welche Nachhaltigkeit integrieren, sich zunehmend großer Beliebtheit erfreuen und daher stets bevorzugt werden. Mehr und mehr Unternehmen sehen die Berücksichtigung sozialer und ökologischer Anliegen nicht mehr nur als Kosten-, sondern als Erfolgsfaktor. Die Bevorzugung der SBSC scheint aufgrund der begrifflichen Ähnlichkeit zumindest, wenn im Betrieb bereits Erfahrungen mit einer BSC vorhanden sind, auf der Hand zu liegen. In dem vorliegenden Fall gestaltet es sich jedoch so, dass sich die SBSC (noch) nicht überzeugend in der Praxis durchsetzen konnte. Die BSC hingegen erfreut sich in vielen Unternehmen aus den verschiedensten Branchen großer Beliebtheit als Managementkonzept.[1] Im nachhaltigen Management findet die konventionelle BSC bisher laut einer Studie des Bundesministeriums für Umwelt, Naturschutz und Reaktorsicherheit (BMU) und zwei anderen Einrichtungen eher wenig Anwendung.[2] Ob diese Lücke durch die Ergänzung um eine weitere nicht-marktliche Perspektive geschlossen werden kann, wird im Laufe dieser Untersuchung betrachtet. Die Erklärung des Unterschiedes bezüglich der Beliebtheit der beiden Managementsysteme soll Kern der vorliegenden Arbeit sein.

Zunächst wird das Konzept der Balanced Scorecard kurz historisch eingeordnet. Der folgende Hauptteil befasst sich dementsprechend zunächst mit der BSC. Hier sollen die Erfolgskriterien[3] des Managementsystems herausgearbeitet werden. Diese sollen, soweit für das Thema relevant, als Bewertungsmaßstab herangezogen werden, um den scheinbar geringen Erfolg der SBSC zu untersuchen. Dazu werden die vier üblichen Perspektiven der BSC (Kunden, Mitarbeiter, interne Prozesse und Lernen & Entwicklung) eingehend betrachtet und auf ihren Bei-

---

[1] Vgl. hierzu die empirische Studie aus dem Jahr von Horváth und Partnern, vgl. Horváth et al. (2007), S. 11ff. sowie S. 23ff.
[2] Vgl. Schaltegger et al. (2007), Tabelle 1, S. 25.
[3] Im Folgenden werden diese Erfolgskriterien als EK x bezeichnet.

trag zum ökonomischen Erfolg des Unternehmens hin untersucht. Die Ausrichtung beider Konzepte auf den ökonomischen Erfolg ist dabei von zentraler Bedeutung, da dies schlichtweg der Zweck einer profitorientierten Unternehmung ist. Falls sich rentables Wirtschaften hier mit der SBSC als schwierig bis unmöglich darstellen würde, wäre jeder Versuch, mittels ihr Nachhaltigkeit in Betrieben zu integrieren, von vornherein zum Scheitern verurteilt.

Anschließend wird das betriebliche Integrationsbedürfnis eben von Nachhaltigkeit in das Managementsystem eingehend erläutert. Hierzu wird das so genannte 3-Säulen-Modell herangezogen. Durch eine kritische Würdigung der Integrationsproblematik soll der Anspruch, den ein Managementsystem haben muss, um nachhaltig zu sein, verdeutlicht und entsprechende Erfolgskriterien für die Implementierung nachhaltiger Strategien[4] entwickelt werden.

Darauf wird im dritten Teil wieder bei der Analyse der SBSC eingegangen und betrachtet, inwiefern den zuvor festgelegten Ansprüchen hinsichtlich des nachhaltigen unternehmerischen Erfolgs mit diesem Konzept gerecht werden kann. Auch wird die fünfte, nachhaltige Perspektive der SBSC ausführlich und kritisch betrachtet. Fraglich ist, inwiefern externe Faktoren aus den Bereichen Soziales und Ökologie zur Wettbewerbsfähigkeit des Unternehmens beitragen können. Auch inwieweit diese messbar und in Entscheidungen des Managements integrierbar sind, wird hier betrachtet. Andererseits wird in diesem Zusammenhang auch die interne Berücksichtigung der Nachhaltigkeitsdimensionen erläutert, da der Erfolg eines Managementkonzepts entscheidend von der Akzeptanz der Mitarbeiter abhängt. Des Weiteren werden in diesem Kapitel weitere Kriterien, die die Entscheidung eines Unternehmens für die Einführung der SBSC wesentlich beeinflussen, diskutiert. Dazu gehören zum Beispiel der Anwendungsbereich innerhalb einer Unternehmung oder aber auch der finanzielle und personelle Aufwand sowie die teilweise problematische Datenerfassung bzw. -verarbeitung.

Anhand der entwickelten Kriterien wird abschließend argumentativ erläutert, warum die SBSC ein sinnvolles oder eher weniger sinnvolles Managementkonzept ist. Auch soll kritisch betrachtet werden, inwiefern den Ansprüchen der Nachhaltigkeit gerecht wird. Zum Schluss wird ein Ausblick auf die künftige Entwicklung des Konzepts SBSC unter Bezug auf die Ergebnisse dieser Arbeit versucht.

---

[4] Im Folgenden werden diese Erfolgskriterien als EKN x bezeichnet.

2. Entwicklung der Balanced Scorecard

Historisch gesehen ist dieses Instrument noch sehr jung. In den 1960er Jahren gab es bereits erste Ansätze, die die Relevanz nicht-finanzieller Faktoren wie etwa Qualifikation der Mitarbeiter für den unternehmerischen Erfolg beschreiben.[5] Die Notwendigkeit der Berücksichtigung derartiger Erfolgspotentiale wurde jedoch erst mit Beginn des Informationszeitalters deutlich. Dieser Standpunkt wird von Kaplan und Norton, den Entwicklern der Balanced Scorecard, deutlich vertreten: „Information age companies will succeed by investing in and managing their intellectual assets".[6]

Das Konzept der Balanced Scorecard wurde Anfang der neunziger Jahre von Robert S. Kaplan und David P. Norton zusammen mit dem Nolan Norton Institute entwickelt und 1996 schließlich in ihrem Buch „The Balanced Scorecard" ausführlich erläutert. Ziel einer im Vorfeld durchgeführten Studie war es, ein Managementsystem zu entwickeln, welches sich nicht mehr ausschließlich auf finanzielle Faktoren der Unternehmensführung konzentriert. Die Teilnehmer waren demnach der Ansicht, dass eine derartige primäre Fokussierung auf monetäre Größen der Fähigkeit von Unternehmen schaden würde, „future economic value"[7] zu schaffen. Problem war, dass die vormalige Setzung eines übergeordneten Ziels und die anschließende Herunterbrechung auf alle Unternehmensebenen nicht mehr ausreichend war: stattdessen ist es mit dem Strukturwandel erforderlich geworden, dass Unternehmen heute mehrere nicht immer konsistente Ziele verfolgen. Innerhalb dieses Rahmens wurden dann zunächst die vier Perspektiven (Finanz-, Kunden-, Interne Geschäftsprozess- sowie Lern- & Entwicklungsperspektive) entwickelt. Diese Bereiche sind jedoch nicht zwingend in ihrer Unterteilung, so dass jedes Unternehmen die für sich relevanten Interessensgruppen in das Managementsystem Balanced Scorecard mit einbeziehen kann (s. u.).

Die zentrale Erkenntnis und Neuerung Anfang der neunziger Jahre bestand darin, dass mit diesem Konzept erstmals von der traditionellen Betrachtungsweise der vergangenheitsorientierten Zahlen des Rechnungswesens zum Management des Unternehmens abgerückt wurde. Stattdessen sollte mit dem strukturellen Wandel hin zu einer Dienstleistungs- und Informationsgesellschaft auch die Möglichkeit geschaffen werden, durch die Entwicklung von Kennzahlen für so ge-

---

[5] So etwa das Human Asset Accounting, vgl. Thommen (2001), S. 462.
[6] Kaplan / Norton (1996), S. 18.
[7] Ebd., S. VII.

nannte weiche Erfolgsfaktoren wie etwa Humankapital oder Unternehmenskultur den Wert des Unternehmens in der Zukunft zu steigern.[8] Aufgrund dieser Eigenschaft werden diese auch als Leistungstreiber[9] bezeichnet, die damit einhergehend auch der Sicherung der Wettbewerbsfähigkeit dienen.[10] Aber vor allem wurde mit der BSC ein Konzept geschaffen, welches es erstmals ermöglicht, „strategische Ziele mit geeigneten Messgrößen"[11] zu verbinden. Dies stellte eine grundlegende Neuerung dar, da Strategie zukunftsorientiert und somit kaum messbar ist. Dieses Konzept gibt Unternehmen die Möglichkeit, durch individuelle Kennzahlen und Zielvorgaben die (interne) Entwicklung zu beeinflussen, ohne ausschließlich auf vergangenheitsbezogene Daten angewiesen zu sein.

Ziel des Managements mit der BSC ist die Verfolgung langfristiger Ziele (etwa Schaffung von Shareholder Value) sowie der Aufbau von Erfolgspotentialen.[12] Von Friedag wird dementsprechend der Aufbau dieser Potentiale zur Sicherung der am Kapitalmarkt üblichen Rendite als „zentrale strategische Frage"[13] bezeichnet. Manager stehen unter dem Druck, jedes Quartal gute Unternehmensergebnisse zu präsentieren, was die Gefahr birgt, dass vornehmlich kurzfristige Kennzahlen (z.B. Quartalsumsätze) im Managementprozess berücksichtigt werden.

Heutzutage arbeiten viele Unternehmen, seien es private (z.B. REWE Austria), öffentliche (z.B. die DRV Westfalen) oder gemeinnützige (z.B. der Gutleb Verein Karlsruhe) mit der Balanced Scorecard, sie wird mittlerweile sogar als betriebswirtschaftlicher Standard angesehen.[14] Die Gründe für diesen Erfolg des Konzepts sollen im folgenden Abschnitt aufgezeigt werden.

---

[8] Eine einheitliche Definition ist bisher nicht vorhanden. Unter harten Erfolgsfaktoren versteht man im Allgemeinen tangible Vermögensgegenstände des Unternehmens wie Produktionsanlagen, Kapital, Standort usw., weiche Erfolgsfaktoren hingegen sind eher intangibel wie etwa Qualifikation der Mitarbeiter, Unternehmenskultur und Qualität der Prozesse.
[9] Benkenstein (1997), S. 236.
[10] Vgl. Schaltegger / Dyllick (2002).
[11] Thommen (2001), S. 464.
[12] Vgl. Wöhe (2002), S. 218.
[13] Friedag (2005), S. 37.
[14] Vgl. Horváth et al. (2007).

2.1 Funktionen und Aufbau der Balanced Scorecard

Wie bereits erwähnt, stellt die BSC eine umfassende Möglichkeit zur Integration weicher Erfolgsfaktoren in das betriebliche Management dar. Dazu gibt es bei der Analyse bzw. Verwendung des Konzepts zwei Hauptfunktionen: einerseits dient es als strategisches Managementsystem (s. u.).[15] Hierin eingebettet befindet sich die zweite Funktion: das Kennzahlensystem. Nach Kaplan und Norton existieren Scorecards sowohl als umfassende Management- als auch als reine Kennzahlensysteme; jedoch stellen sie fest, dass „Die besten Balanced Scorecards [...] die Strategie einer Organisation wider[spiegeln]".[16] Vorraussetzung für den Gebrauch des Konzepts ist demnach die Formulierung von Strategien, welche dann über die Bildung von Ursache-Wirkungsketten im Endeffekt in Kennzahlen und Ziele übersetzt werden müssen, um daraus wiederum Maßnahmen zu deren Verbesserung abzuleiten (vgl. Abbildung 1).

---

[15] Vgl. Kaplan / Norton (1996), S. 272.
[16] Kaplan / Norton (2001), S.95.

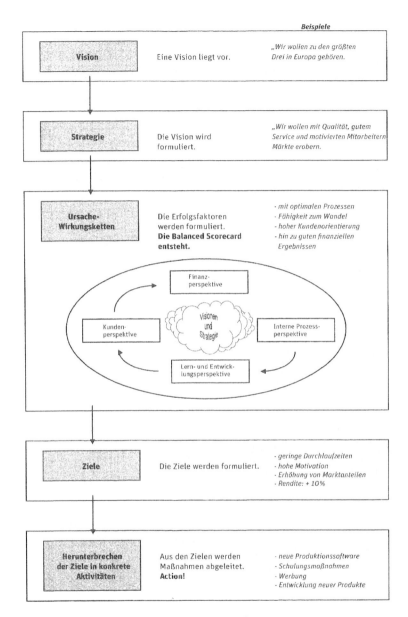

Abbildung 1: Von der Vision zu konkreten Aktivitäten[17]

---

[17] Quelle: Probst (2007), S. 16.

Durch die Identifikation wichtiger Erfolgsfaktoren in den vier verschiedenen Perspektiven entsteht die Möglichkeit, kausale Zusammenhänge zwischen verschiedenen, in konventionellen Managementansätzen unberücksichtigten, Unternehmensbereichen aufzudecken (vgl. Abbildung 2). Diese Abbildung verdeutlicht auch, dass „100%-Abhängigkeiten" meist nicht gegeben sind, sondern die Gewichtung auch verteilt sein kann (z. B. kaufen Endkunden möglicherweise ein Produkt nicht zu 100% wegen des Images, sondern zu 60% aus Preisgründen, zu 30% aus Qualitätsgründen und nur zu 10% aus Imagegründen).[18]

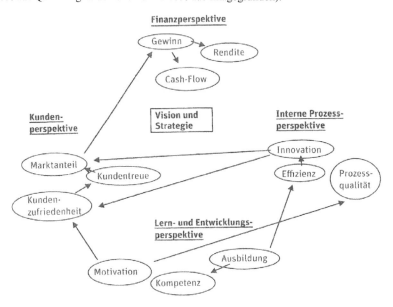

Abbildung 2: Beispiel für kausale Zusammenhänge zwischen den Perspektiven[19]

Wichtigste Voraussetzung dabei ist, dass prinzipiell jeder in eine Kennzahl aufgenommene Erfolgsfaktor auch wirklich zum (letztendlich finanziellen) zukünftigen Erfolg des Unternehmens beiträgt. Um dies zu gewährleisten, muss in den strategischen Handlungsrahmen der Organisation ein Feedback- bzw. Lernsystem integriert werden (s. u.).

Für die Unterteilung der Perspektiven und somit die Untergliederung der Ziele eines Unternehmens schlagen Kaplan und Norton vier Basisperspektiven vor, die

---

[18] Vgl. Probst (2007), S. 83f.
[19] Quelle: Probst (2007), S. 83.

jedoch je nach Unternehmen abgewandelt oder erweitert werden können. Diese offene Struktur stellt einen wichtigen Punkt für den Erfolg der BSC dar (EK 1).

Generell kann zwischen externen (Finanz- und Kunden-) und internen (Geschäftsprozess- und Lern- und Entwicklungs-) Perspektiven unterschieden werden. In diesem Zusammenhang wird die BSC auch als „balanced" bezeichnet, weil eine Ausgewogenheit zwischen den verschiedenen Zielsetzungen des Unternehmens entsteht.[20] Ebenso sind die berücksichtigten Größen ausgewogen; sie können sowohl „extern oder intern orientiert, kurz- oder langfristig, quantitativ oder qualitativ, [als auch] vergangenheits- oder zukunftsorientiert"[21] sein. Ebenso können hier harte Faktoren (Finanzen und Produktion) von weichen (Kunden und Mitarbeiter) unterschieden werden. Also ist prinzipiell jede Art von Erfolgsfaktor in die BSC aufnehmbar (EK 2).

Die vier Standardperspektiven beinhalten jeweils die Kategorien Ziele, Kennzahlen, Vorgaben und Maßnahmen.[22] Das Ziel folgt aus der Übersetzung der Strategie, eine geeignete Kennzahl misst den Grad der Erfüllung der Vorgabe des Top-Managements durch die eingeleitete(n) Maßnahme(n). Dabei haben die Perspektiven an sich folgende Funktionen:[23]

Die Ziele der Finanzperspektive werden aus der Frage abgeleitet, wie man gegenüber den Anteilseignern auftreten soll, um finanziell erfolgreich zu sein. Damit ist diese Perspektive den anderen übergeordnet; die drei Übrigen müssen auf sie ausgerichtet werden (siehe auch Abbildung 2). Somit kann aus diesem Teil der BSC erkannt werden, inwiefern die „Umsetzung einer Strategie insgesamt zu einer ökonomischen Ergebnisverbesserung führt".[24] Diese Ausrichtung muss auch bei der Integration eines nachhaltigen Managementsystems gegeben sein (s. u.).

Die Kundenperspektive soll Wettbewerbsvorteile identifizieren und einen Mehrnutzen für Kunden entwickeln helfen. Dabei stehen die Kunden- und Marktsegmente im Vordergrund, in denen das Unternehmen bezüglich seines zukünftigen Absatzes konkurrieren möchte. Wichtig ist, dass der Auftritt gegenüber den Kunden letztendlich zur Verwirklichung der Vision beiträgt.

In der internen Geschäftsprozessperspektive hat das Management die Aufgabe, diejenigen kritischen internen Prozesse zu identifizieren, die maßgeblich einer-

---

[20] Vgl. Horváth et al. (2007), S3ff.
[21] Wöhe (2002), S. 219.
[22] Siehe Anhang I.
[23] Vgl. im Folgenden Kaplan / Norton (1996), S.9 und S. 25ff.
[24] Schaltegger / Dyllick (2002), S. 22.

seits für den Gewinn von Neukunden, andererseits für die Erfüllung der Erwartungen von bereits vorhandenen Kunden und Shareholdern sind. Dabei gibt die BSC die Möglichkeit, bisher unbeachtete, aber für den strategischen Erfolg höchst kritische Prozesse aufzudecken, indem Kausalzusammenhänge mit den anderen Perspektiven hergestellt werden.

Die vierte (Lern- und Entwicklungs-) Perspektive schließlich bezieht sich vor allem auf das Potential der Mitarbeiter[25] und damit auf die Infrastruktur innerhalb des Unternehmens, die für langfristiges Wachstum und Fortschritt in Richtung der Unternehmensvision aufgebaut werden muss. Dabei stellen die Mitarbeiter die Basis zur Erreichung der Ziele, die in den drei anderen Perspektiven formuliert wurden, dar. Strategisch betrachtet ist hier die Herstellung von Capabilities[26] zentrale Aufgabe des Managements. Fraglich ist, inwiefern in der ökologischen bzw. sozialen Dimension überhaupt die Möglichkeit besteht, Ressourcen zu nutzen, da im Fokus des Nachhaltigkeitsmanagements hier vor allem die Reduktion der Schadschöpfung und nicht die Generierung bzw. Ausschöpfung entsprechender Ertragsquellen steht.

Mit der BSC liegt also ein Kennzahlensystem vor, mit dem die Unternehmensleistung gemessen werden kann. Die Implementierung dieses Kennzahlensystems in den Managementprozess sowie die Umsetzung der Strategie in letztendlich konkrete Aktionen ist eine generelle Herausforderung des strategischen Managements.[27] Kaplan und Norton empfehlen für diese „Übersetzung"[28] und die Etablierung in Form eines kreisförmigen Prozesses innerhalb einer Organisation eine Unterteilung in vier Schritte (vgl. Abbildung 3).

---

[25] Diese Perspektive wird oftmals auch als Potentialperspektive bezeichnet, eben weil sie die vorhandenen Potentiale für zukünftigen Erfolg benennt, vgl. Horváth et al. (2007), S3ff.
[26] Unter Capabilities versteht man Fähigkeiten, welche die (Unternehmens-) Ressourcen nutzen, beziehungsweise das Wissen, welches zur Nutzung der Ressourcen benötigt wird, vgl. Pfriem (2006), S. 103f.
[27] Vgl. Friedag / Schmidt (2007), S. 14.
[28] Kaplan und Norton sprechen von „Clarify and Translate Vision and Strategy", Kaplan / Norton (1996), S. 10.

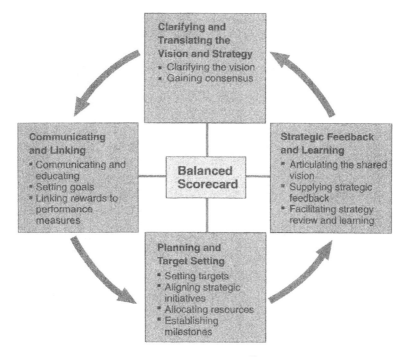

Abbildung 3: Die BSC als stratgischer Handlungsrahmen[29]

Der erste Schritt besteht in der Klärung und Herunterbrechung der Strategie.[30] In einem top-down Prozess werden zunächst die unternehmerische Vision und die übergeordnete Strategie einheitlich festgelegt (vgl. oberes Feld Abbildung 3). Aus diesen beiden Aspekten werden Ziele formuliert, die dann auf die unteren Unternehmensebenen je nach Art verteilt und übertragen werden. Dadurch entsteht eine homogene Zielsetzung entlang der Hierarchieebenen innerhalb der Organisation, so dass gegenläufige Bestrebungen einzelner Abteilungen vermieden werden. Hierin besteht das dritte Erfolgskriterium (EK 3) des Konzepts Balanced Scorecard. Innerhalb dieses ersten Schritts werden ebenfalls die Kennzahlen und Ziele, zunächst für die externen Perspektiven Finanzen und Kunden, dann für die internen Geschäftsprozesse, gebildet.[31] Somit werden mit diesem Konzept zentrale

---

[29] Quelle: Kaplan / Norton (1996), S. 11.
[30] Vgl. Kaplan / Norton (1996), S. 10.
[31] Vgl. ebd., S. 11f und s. o.

Instrumente der Unternehmensführung (Ziele, Kennzahlen, Aktionspläne usw.) miteinander ergänzend verbunden.

Das zweite Feld, Communicating and Linking, bezieht sich auf die Kommunikation der Strategie an die Mitarbeiter. Durch die Herunterbrechung der Ziele auf jede Organisationsebene ist es einzelnen Mitgliedern und Abteilungen möglich, ihren Beitrag zur Unternehmensperformance zu erkennen und gegebenenfalls zu verbessern durch vorgegebene Maßnahmen. Diese können im Extremfall entweder konkret vom Top-Management vorgegeben oder durch einen offenen Dialog mit den Mitarbeitern entwickelt werden.[32] Dabei muss jedem Mitarbeiter (etwa durch Newsletters, Schulungen etc.) die übergeordnete Strategie vermittelt werden, so dass eine Verbindung zwischen den kleinen Teilzielen der untergeordneten Hierarchieebenen mit der Gesamtstrategie des Unternehmens erkennbar wird.[33] Dieser Prozess muss permanent stattfinden, um auch auf Dauer die Veränderungsbereitschaft und Motivation der Mitarbeiter zu gewährleisten.[34] Die hohen Anforderungen bzw. Aufwand in Bezug auf Erstellung und anschließend auch Vermittlung dieser klaren Darstellungsweise sind jedoch nicht zu unterschätzen, aber notwendige Voraussetzung für eine „strategiefokussierte Organisation".[35] Auch diese klare Kommunikation der Strategie stellt einen Erfolgsfaktor der BSC dar (EK 4). Typischerweise werden hier für die Vermittlung der Ziele (festgehalten in den verschiedenen Perspektiven) drei Mechanismen verwendet. Diese sind Kommunikations- und (Weiter-) Bildungsprogramme, Zielvereinbarungen sowie Anreizsysteme.[36]

Im folgenden Abschnitt des Kreislaufs, Planung und Zielsetzung, werden die Maßnahmenplanung, Budgetierung und kurzfristige (auf das kommende Jahr bezogene) Meilensteine analog zur Strategie gestaltet.[37] Hier werden der Einsatz von Arbeitskräften, Arbeitszeit, Geld, Rohstoffen usw., also Ressourcen im Allgemeinen, mit der Unternehmensstrategie verknüpft; dies geschieht unter Bezugnahme auf die vier Perspektiven.[38] Letztendlich entstehen in dieser Phase des Managementprozesses für das Unternehmen die Möglichkeiten, langfristige monetäre

---

[32] Vgl. Friedag / Schmidt (2007), S. 17.
[33] Vgl. Kaplan / Norton (1996), S. 12f.
[34] Vgl. Friedag (2005), S. 15f.
[35] Horváth et al. (2007), S. 39.
[36] Vgl. Kaplan / Norton (1996), S. 200.
[37] Vgl. ebd., S. 13f. und S. 224ff.
[38] Vgl. Schaltegger / Dyllick (2002), S. 27.

Ziele zu quantifizieren, Mechanismen und notwendige Ressourcen zu deren Erreichung zu identifizieren sowie Meilensteine für die in der BSC festgehaltenen (kurzfristigen) Maßnahmen zu setzen.[39] Demnach werden mit diesem Konzept in gewisser Weise Zukunftsrisiken verringert, da durch die ausführliche (und wiederholte) Planung und Abwägung mögliche Unsicherheiten beseitigt werden können. Diese Art der Berechnung der Zukunft kann jedoch zu „gefährlichen Illusionen"[40] führen, weil die Annahmen für die zur Berechnung notwendigen Zahlen und mathematischen Größen oftmals subjektiv und schwierig nachvollziehbar sind. Gerade im Zusammenhang mit einem auf der Idee der Nachhaltigkeit basierenden Managementkonzept können falsche Annahmen etwa über Kausalzusammenhänge (im ökologischen wie im sozialen Bereich) erhebliche Konsequenzen haben (vgl. Kapitel 4.2). Ebenfalls problematisch ist hier im Zusammenhang mit der vierten Phase, dass zuviel Planung die Lernprozesse innerhalb der Organisation negativ beeinflussen kann, weil durch Vorgaben und eine scheinbar sichere Zukunft der Bedarf zu lernen künstlich beschränkt wird.

Im letzten Schritt dieses Kreislaufkonzepts werden die bisherigen strategischen Maßnahmen kritisch reflektiert und dadurch ein Lernprozess integriert, welcher wiederum anschließend auf die Auseinandersetzung mit der Unternehmensvision bzw. -strategie einwirkt.[41] Über die gesetzten Meilensteine sowie den Grad der Zielerreichung in den vier Perspektiven können Rückschlüsse über die Korrektheit der angenommenen Ursache-Wirkungsbeziehungen gezogen werden.[42] Zu beachten ist, dass die BSC lediglich die Strategieumsetzung unterstützt; die Strategieformulierung bleibt weiterhin ein getrennter Prozess, der vorab (allerdings unter Beachtung der Lern- und Feedbackergebnisse) beendet werden muss.

Generell lässt sich für das Konzept der BSC festhalten, dass eine Ausrichtung an der Strategie des Unternehmens von wesentlicher Bedeutung ist, da für die Zukunft keine Messwerte bestehen können. Ein reines Kennzahlensystem macht also gerade für die Umsetzung nachhaltiger und damit zukunftsorientierter Strategien keinen Sinn. Dementsprechend ist aber auch offensichtlich, dass eine Bedingung für die Implementierung ökologischer und sozialer Aspekte die bewusste Bildung entsprechender Leitziele ist. Dieser Prozess muss in jedem Fall vor Ein-

---

[39] Vgl. Kaplan / Norton (1996), S. 14f.
[40] Vgl. Friedag / Schmidt (2007), S. 18f.
[41] Vgl. Kaplan / Norton (1996)., S. 15f.
[42] Vgl. Schaltegger / Dyllick (2002), S. 27.

führung einer Sustainable Balanced Scorecard stattgefunden haben, um relevante, nachhaltige Ziele bilden zu können.[43] Durch die Offenheit des Konzepts BSC steht einer prinzipiellen Eingliederung ökologischer und sozialer Aspekte nichts entgegen.

Durch die schwierige Quantifizierbarkeit bestimmter ökologischer und sozialer Auswirkungen des unternehmerischen Handelns ist nicht jeder für den Erfolg wesentliche Aspekt in eine SBSC aufnehmbar (vgl. Kapitel 4). Eine klare Kommunikation und Vermittlung der Unternehmensstrategie an alle Mitarbeiter könnte jedoch wie bei der BSC möglich sein. Eventuell kommt eine zusätzlich ökologisch und verstärkt sozial ausgerichtete Zielsetzung den Betroffenen sogar entgegen und führt zu einer deutlicheren Identifizierung mit dem Unternehmen. Ist dies der Fall, hat die SBSC hier sogar einen leichten Vorteil gegenüber dem ursprünglichen Konzept.

Es ergibt sich also nach bloßer Betrachtung der Funktionsweise des Managementsystems Balanced Scorecard:

Nummer	Erfolgskriterium der BSC	Übertragbarkeit auf SBSC
EK 1	Offene Struktur des Konzepts / Beliebigkeit der Perspektiven	Fraglich
EK 2	Jede Art von Erfolgsfaktoren ist aufnehmbar / kann berücksichtigt werden	Fraglich
EK 3	Homogene Zielsetzung entlang der Hierarchieebenen	Fraglich
EK 4	Klare Kommunikation und Vermittlung der Strategie an alle Mitarbeiter	Fraglich

Tabelle 1: Erstes Zwischenergebnis: funktionsbedingte Erfolgskriterien[44]

---

[43] Vgl. Kaplan / Norton (1996), S. 18f.
[44] Quelle: eigene.

2.2 Weitere Kriterien für den Erfolg der Balanced Scorecard

Aus Kapitel 2.1 lässt sich bereits an dieser Stelle schlussfolgern, dass strukturelle Gründe, zumindest was das Basiskonzept der BSC angeht, weitestgehend ebenfalls für den Erfolg der SBSC sprechen könnten. Daher liegt die Vermutung nahe, dass es noch weitere Erfolgskriterien für dieses Managementsystem geben muss, die von der nachhaltigen Balanced Scorecard eben nicht erfüllt werden. Diese können sich demnach nur auf Aspekte beziehen, die entweder nicht direkt auf das Konstrukt BSC, sondern auf Managementherausforderungen allgemein, oder aber auf Probleme mit der Integration ökologischer und sozialer Aspekte zurückzuführen sind. Auf letztere Ansprüche, die Nachhaltigkeitsmanagement an entsprechende Konzepte stellt, wird im Kapitel 3 näher eingegangen.

Es stellt sich also die Frage, welche weiteren allgemeinen Bedingungen den Erfolg der BSC als Managementsystem maßgeblich beeinflussen. Zu deren Feststellung wurden im Rahmen dieser Arbeit mehrere Aufsätze und Bücher ausgewertet.[45] Als Ergebnis lassen sich fünf zentrale Aspekte für ein kennzahlenbasiertes Managementsystem wie die Balanced Scorecard festhalten (siehe Abbildung 4). Kernpunkt dabei ist die Wertorientierung des Konzepts. Nur eine konsequente Bewertung der Erfolgskriterien anhand ihres Beitrags zur Wertschöpfung kann, ähnlich wie beim Shareholder-Value-Ansatz, das Interesse der Unternehmensleitung für ein Managementsystem wecken und damit auch dessen Beliebtheit erklären.[46] Dies gilt vor allem, sobald Interessen von Shareholdern zu berücksichtigen sind. Die einzelnen Punkte werden im Folgenden kurz erläutert.

---

[45] Vgl. u. a. Breisig (2006), S. 200ff.; Probst (2007), S. 10ff.; Kiunke (2004), S. 133ff.; Kaufmann (2002), S. 29 ff.; Kaplan / Norton (1994), S. 18ff.; Horváth / Kaufmann (1998), S. 7ff.; Kaplan / Norton (2001a), S. 54ff.; Jöhnk (2005), S. 525ff.
[46] Diese Ansicht wird u. a. von Horváth und Kaufmann unterstützt, vgl. Horváth / Kaufmann (1998), S. 9ff.

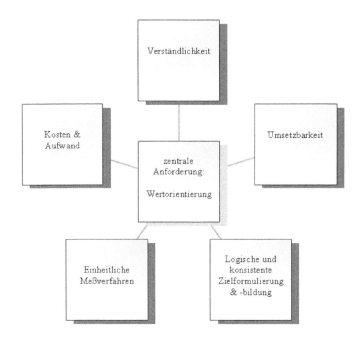

Abbildung 4: Anforderungen an kennzahlenbasierte Managementsysteme[47]

1. Verständlichkeit (EK 5): Damit ist zum einen die Nachvollziehbarkeit der Absichten und Zielrichtungen des Konzepts für den Verwender gemeint. Darunter fällt bei der BSC vor allem die Übersichtlichkeit, die ihr aufgrund der tabellarischen Grundform zu Eigen ist.[48] Die von Horváth und Partnern vorgeschlagene Beschränkung auf etwa 5 Ziele pro Perspektive trägt hierzu ebenfalls bei.[49] Diese Klarheit unterstützt darüber hinaus die Vermeidung von „Sickerverlusten"[50], d. h. die ursprüngliche Intention bei der Strategieformulierung wird auch auf die unteren Unternehmensebenen übertragen (siehe auch EK 6 & 7). Die umfassende Kommunikation innerhalb des Unternehmens geht damit, wie bereits erwähnt, einher.

Andererseits ermöglicht eine klare Strukturierung auch den Vergleich der Leistung unterschiedlicher Abteilungen (z. B.: Welchen Beitrag leisten Produktion

---

[47] Quelle: eigene.
[48] Vgl. Kaufmann (2002), S. 29.
[49] Vgl. z. B. Horváth et al. (2007), S. 48f. sowie Probst (2007), S. 44.
[50] Horváth / Kaufmann (1998), S. 9.

und Entwicklung für die Erhöhung der Kundenzufriedenheit?).[51] Führt man diesen Gedanken fort, lässt sich mit Hilfe der BSC auch ein Benchmarking verschiedener Unternehmen durchführen.

Generell führt die BSC durch ihre Übersichtlichkeit und Strukturiertheit zu einer „drastischen Komplexitätsreduktion"[52] und stellt somit ein verständliches Managementsystem dar. Probst stellt entsprechend fest, dass die KIS – Regel (Keep It Simple) für dieses Konzept gilt bzw. beachtet werden muss, um den Erfolg zu gewährleisten.[53]

2. Umsetzbarkeit (EK 6): Ein Managementkonzept muss auch umsetzbar sein. Dies bedeutet, dass es sich im praktischen Gebrauch dauerhaft als sinnvoll und rentabel erweisen muss. Die BSC gibt hier die Möglichkeit, sich auf diejenigen Kennzahlen zu konzentrieren, die primär ausschlaggebend für den unternehmerischen Erfolg sind. Dadurch wird das Top-Management vor einer Datenflut abgeschirmt,[54] was wiederum eine stärkere Konzentration auf Schlüsselgrößen und deren Optimierung bezüglich ihrer Erfassung sowie eine Überprüfung der kausalen Zusammenhänge (vgl. hierzu die Feedback- und Lernphase) zulässt. Des Weiteren wird durch die ausdrückliche Konsensbildung[55] bei der Entwicklung der BSC (und damit einer gemeinsamen Übernahme der Verantwortung) möglichen „Ressortegoismen"[56] und Blockadehaltungen vorgebeugt.

Durch den Einsatz von Scorecardchampions innerhalb der betroffenen Abteilungen kann ein für den Erfolg „entscheidender Motivationsfaktor"[57] geschaffen werden. Dieses Amt sollte einer Führungsperson übertragen werden, die somit zum Ansprechpartner für die Umsetzung der Ziele der BSC wird.[58] Dadurch werden einerseits die Mitarbeiter individuell in die Problemlösung mit einbezogen; andererseits bekommt das Topmanagement durch den Einsatz der Scorecardchampions eine gute Kontrollmöglichkeit der Ergebnisse und vermittelt den Eindruck, geschlossen hinter der BSC zu stehen.

---

[51] Vgl. Kaplan / Norton (1994), S. 26.
[52] Horváth / Kaufmann (1998), S. 16.
[53] Vgl. Probst (2007), S. 83f.
[54] Vgl. Horváth / Kaufmann (1998), S. 13.
[55] Vgl. Kaplan / Norton (1996), S. 11.
[56] Horváth / Kaufmann (1998), S. 13.
[57] Kaufmann (2002), S. 31.
[58] Vgl. Horváth / Kaufmann (1998), S. 16.

Ebenfalls wichtig für die Umsetzbarkeit eines Managementsystems ist, dass eine „einheitliche Methode"[59] für das gesamte Unternehmen genutzt wird. Durch die einheitliche Setzung von Ziele in jeder Perspektive bzw. in jedem Bereich einer Organisation erfüllt die BSC diese Abstimmungsfunktion und ermöglicht es, langfristige Strategien mit den notwenigen Maßnahmen zu verknüpfen.

3. Logische und konsistente Zielformulierung & –bildung (EK 7): Dieses Erfolgskriterium bezieht sich vor allem auf den strategischen Teil eines Managementsystems. Dabei ist zu beachten, dass nicht zuviel geplant wird, sondern im Sinne emergenter Strategiebildung[60] ein Rückkopplungsprozess stattfindet, bei dem formulierte Strategien und die daraus abgeleiteten Ziele für das Kennzahlensystem stets überdacht werden (vgl. Abbildung 3). Durch diesen Kreislauf, welcher der BSC zu Grunde liegt, wird die Bewegung, die zur Strategie gehört, berücksichtigt.[61] Letztendlich kann diese stetige Überarbeitung der Unternehmensziele die Möglichkeit zu einer Erhöhung ihrer Umsetzungsgeschwindigkeit schaffen; dies führt zu Wettbewerbsvorteilen gegenüber anderen Unternehmen (beispielsweise in Bezug auf Patentanmeldungen).[62]

In diesem Sinne schlägt Kaufmann eine Unterteilung der Ziele in Vorsprungs- und Aufholungsziele vor. Erstere dienen dazu, „einen bestehenden Vorsprung aufrechtzuerhalten oder diesen auszubauen".[63] Letztere müssen formuliert werden, wenn das Unternehmen in bestimmten Gebieten gegenwärtig nicht in der Lage ist, dem Wettbewerbsdruck standzuhalten.

Die BSC hilft also, strategiekonforme Ziele zu formulieren, die regelmäßig überarbeitet werden können. Dadurch erhöht sich die Flexibilität bezüglich der Implementierung neuer Strategien bzw. der Reaktion auf Strategien von Wettbewerbern entscheidend.

4. Einheitliche Messverfahren (EK 8): Da die Verwendung der BSC den Aufbau eines Kennzahlensystems beinhaltet, müssen die Ziele messbar gemacht wer-

---

[59] Vgl. Horváth / Kaufmann (1998), S. 7 sowie Kaplan / Norton (1998), S. 26.
[60] Die Idee der Emergenz distanziert sich von der Planbarkeit der Zukunft; durch das unternehmerische Handeln und die Veränderungen der Unternehmensumwelt werden stets neue, nicht vorhersehbare Handlungsoptionen geschaffen, vgl. Pfriem (2006), S. 140ff.
[61] Vgl. Kaplan / Norton (2001a), S. 62.
[62] Vgl. Kaufmann (2002), S. 30.
[63] Ebd., S. 32.

den. Die Erfahrungen durch den Kreislaufprozess können bei der Bildung einheitlicher und mit einander verbundener Ziele hilfreich sein.[64] Allerdings kann es unter anderem aufgrund der unterschiedlichen Perspektiven in diesem Bereich zu Umsetzungsproblemen kommen; dies gilt vor allem für die Berücksichtigung der weichen Erfolgsfaktoren, da diese unter Umständen nur schwer messbar sind (z. B. das Unternehmensimage). Dieses Erfolgskriterium trifft daher bereits auf die BSC nur teilweise zu. Gerade die Einheitlichkeit der Messverfahren ist jedoch wichtig, da so langfristige Trends anhand der Entwicklung der Kennzahlen erkennbar werden können.[65] Daraus lässt sich ebenfalls die Bedingung ableiten, dass die gebildeten Kennzahlen auch vom Management beeinflussbar sein müssen.[66] Dies wiederum ist bei der BSC der Fall, da formulierte Indikatoren nicht fix sind, sondern regelmäßig überarbeitet und anhand entsprechender Zielvorgaben gelenkt werden können.

5. Kosten & Aufwand (EK 9): Bei der Auswertung der Literatur hat sich herausgestellt, dass viele Unternehmen den Aufwand für die Einführung der BSC unterschätzen bzw. das Konzept nicht mit der gebotenen Genauigkeit umsetzen. Zwar sind im Allgemeinen nur ca. 5 Ziele pro Perspektive zu formulieren; diese müssen aber eben wegen ihrer geringen Anzahl besonders durchdacht sein. Vor allem die Verknüpfung miteinander und die Messbarkeit stellen Manager vor eine Herausforderung. Oftmals kann auch durch einen hohen (zeitlichen) Aufwand bei der Erstellung und Implementierung der BSC die hohe Qualität nicht gewährleistet werden.[67] Demnach ist es wichtig, das Konzept mit „großer Sorgfalt"[68] zu erarbeiten. Gelingt dies, entstehen vielfältige Möglichkeiten, Kosten im Planungsprozess einzusparen (z. B. durch Verkürzung der Planungshorizonte oder Reduzierung der Planungsgenauigkeit).[69] Im Endeffekt werden auf diese Art (sobald die eigentliche Entwicklung der BSC beendet ist) Managementkapazitäten frei, die dann für andere Aufgaben genutzt werden können. Unter dem Strich sollte

---

[64] Vgl. Horváth / Kaufmann (1998), S. 16.
[65] Für das Unternehmen AMD (Advanced Micro Devices) beinhaltet die BSC in diesem Zusammenhang eine Speicherfunktion für strategische Informationen, vgl. Kaplan / Norton (1994), S. 26f.
[66] Vgl. Horváth / Kaufmann (1998), S. 10.
[67] Vgl. ebd., S. 15.
[68] Kaufmann (2002), S. 29.
[69] Vgl. Wöhe (2002), S. 218f., Pfriem (2006), S. 138ff. sowie Horváth / Kaufmann (1998), S. 15.

zeitlich (und damit etwa in Bezug auf die Gehälter der Manager auch finanziell) durch den Gebrauch der BSC ein positives Endergebnis entstehen.

Diese weiteren Erfolgskriterien scheinen von der BSC erfüllt zu werden (Tabelle 2 beinhaltet das zweite Zwischenergebnis dieser Arbeit). Ob diese auch ohne weiteres auf die SBSC übertragen werden können und damit ebenfalls für deren Erfolg sprechen würden, soll nach einer Heranführung an das Nachhaltigkeitsmanagement im Folgenden geklärt werden.

Nummer	Erfolgskriterium der BSC	Übertragbarkeit auf SBSC
EK 5	Kommunikation entlang der Hierarchieebenen und knappe, eindeutige und durchdachte Zielsetzung fördert die Verständlichkeit der Unternehmensstrategie intern	Fraglich
EK 6	Das Konzept ist gut umsetzbar, da Mitarbeiter motiviert und einbezogen werden; Scorecardchampions helfen bei der Umsetzung von Zielen	Fraglich
EK 7	Regelmäßige Feedbacks und Lernprozesse unterstützen die konsistente Zielbildung und die Aufdeckung logischer kausaler Zusammenhänge	Fraglich
EK 8	(größtenteils) quantifizierbare und vom Management beeinflussbare Ziele	Fraglich
EK 9	Hoher Aufwand und Präzision bei der Erstellung führen zu Kostenersparnis	Fraglich

Tabelle 2: Zweites Zwischenergebnis: konventionelle Erfolgskriterien[70]

---

[70] Quelle: eigene.

3. Die Bedeutung von Nachhaltigkeit für zukunftsorientierte Unternehmen

In den letzten zwei Jahrzehnten wurde angesichts von Tatsachen wie etwa dem Klimawandel, den wachsenden sozialen Unterschieden zwischen der Ersten und der Dritten Welt, aber auch der zunehmenden Kluft zwischen Arm und Reich in den Industrienationen der Ruf nach einem verantwortungsvollen Umgang mit (Human-) Ressourcen immer lauter. Dies ist nicht nur eine Forderung von Gesellschaft und Politik; auch Unternehmen werden sich mehr und mehr über die Endlichkeit vieler von ihnen genutzter Rohstoffquellen bewusst.

Um diese Problematik sowie die Strategien, mit denen Managementsysteme wie die SBSC den mit Nachhaltigkeit verbundenen Herausforderungen begegnen, zu verdeutlichen, wird im folgenden Abschnitt der Begriff Nachhaltigkeit mit seinen Dimensionen genauer betrachtet. Im Anschluss daran wird in Kapitel 4 überprüft, inwiefern die nachhaltige Erweiterung des Konzepts Balanced Scorecard den Anforderungen (in Form der ermittelten Erfolgskriterien) gerecht wird, um in Zukunft auch gesellschaftliche und ökologische Herausforderungen bewältigen zu können.

3.1 Abgrenzung des Begriffs Nachhaltigkeit

Um die Problematik der Integration eines Nachhaltigkeitsmanagementsystems verstehen zu können, muss zunächst der Begriff „Nachhaltigkeit" (englisch: sustainability) genau beschrieben werden. Dies kann einerseits durch eine präzise Definition, andererseits durch Analyse der Aufgabenbereiche eines solchen Systems geschehen.[71]

Die zurzeit geläufigste Definition wurde 1987 im Brundtland-Report veröffentlicht. Vor dem Hintergrund global wachsender ökologischer, sozialer und auch ökonomischer Probleme wurde 1983 von den Vereinten Nationen eine Kommission für den Bereich Umwelt und Entwicklung eingesetzt. Unter Vorsitz von Gro Harlem Brundtland wurde im abschließenden Bericht vier Jahre später definiert: Nachhaltig ist eine Entwicklung, „die den Bedürfnissen der heutigen Generation

---

[71] Vgl. Kapitel 3.2.

entspricht, ohne die Möglichkeiten künftiger Generationen zu gefährden, ihre eigenen Bedürfnisse zu befriedigen und ihren Lebensstil zu wählen."[72]

Diese Definition beschreibt Nachhaltigkeit als einen Zustand, bei dem nicht nur die Natur, sondern auch Humanressourcen und soziale Verhältnisse weder ausgebeutet noch irreparabel geschädigt werden. Die zukünftigen Generationen sollen intakte soziale und ökologische Verhältnisse vorfinden, so dass sie den aktuellen Lebensstandard halten können. Das Schaffen dieser Möglichkeit ist nicht nur Aufgabe der Wirtschaft, sondern auch der Politik und Gesellschaft. Die große Herausforderung besteht darin, Nachhaltigkeit zu erreichen und dabei gleichzeitig die wirtschaftliche Leistungsfähigkeit zu erhalten.

Zu unterscheiden sind dabei inter- und intragenerative Gerechtigkeit.[73] Erstere bezieht sich gemäß der Brundtland-Definition auf den Erhalt der (Lebens-) Möglichkeiten zukünftiger Generationen. Intragenerative Gerechtigkeit meint hingegen die Angleichung der Lebensbedingungen zwischen den frühindustrialisierten Ländern sowie der Dritten Welt. Dies ist die logische Konsequenz aus einer globalen Nachhaltigkeitsstrategie, die angesichts schrumpfender natürlicher Ressourcen oder dem Klimawandel zunehmend als notwendig empfunden wird.[74]

Häufig wird in diesem Zusammenhang auch zwischen schwacher, kritischer und starker Nachhaltigkeit unterschieden.[75] Dabei mutet schwache Nachhaltigkeit jedoch eher als „formale Umgehung der Probleme"[76] an, da das Ziel lediglich darin besteht, den durchschnittlichen Lebensstandard zu erhalten. Auch wird hier davon ausgegangen, Ökologie, Soziales und Ökonomie seien drei gleichberechtigte Dimensionen der Nachhaltigkeit. Dies bedeutet aber, dass mangelhafte Integration bzw. Konzentration auf ökologische Aspekte durch eine verstärkte Berücksichtigung etwa sozialer Anliegen ausgeglichen werden kann. Kritische Nachhaltigkeit geht einen Schritt weiter; bei diesem Konzept darf die kritische Belastungsgrenze des Ökosystems nicht unterschritten werden, da sonst irreversible Schäden auftreten.[77] Dagegen fordert starke Nachhaltigkeit, dass das Naturkapi-

---

[72] URL: http://www.nachhaltigkeit.aachener-stiftung.de/artikel/brundtland-report_563.htm (Stand: 05.03.2008).
[73] Vgl. Kanning (2003), S. 19.
[74] Vgl. Pfriem (2006), S. 347ff.
[75] Vgl. Fichter (2005), S. 39ff. sowie Kanning (2003), S. 18f.
[76] Vgl. Pfriem (2006), S. 362.
[77] Vgl. Arnold (2007), S. 44ff. sowie Nutzinger / Radke (1995), S. 30ff.

tal[78] sich nicht verringern darf. Dies impliziert ein Verbot der Ausbeutung von nicht-regenerativen Rohstoffen wie etwa Öl oder etwa der Umwandlung von Regenwald zu Ackerflächen, da hiermit der Rückgang der Artenvielfalt in unmittelbarem Zusammenhang steht. Dadurch wird die ökologische Dimension zum Kernaspekt nachhaltigen Wirtschaftens, da sie die Voraussetzung für die Erfüllbarkeit der übrigen Bedingungen darstellt.

Die Problematik für Unternehmen ist dabei, dass die Einführung eines Nachhaltigkeitsmanagementkonzepts je nach Art und Umfang der anfallenden Aufgaben nicht nur mit höheren Kosten, sondern unter Umständen auch mit einem erheblichen Aufwand verbunden sein kann. Schließlich müssen die neuen Aufgaben und Herausforderungen wirkungsvoll in das bestehende konventionelle Managementsystem aufgenommen werden bzw. muss dieses um entsprechende Aspekte ergänzt werden (wie im Fall der Sustainable Balanced Scorecard).

Aufgrund der offensichtlichen Zukunftsorientierung von Nachhaltigkeit wird diese auch als „regulative Idee"[79] bezeichnet. Entsprechend dem Charakter eines Leitbilds sind die formulierten Ziele vor allem normativ zu verstehen, d.h. dass sie prinzipiell nicht direkt erreichbar sind, sondern eine Annäherung durch viele kleine Schritte erfolgen muss. Im Zusammenhang mit dem Kreislaufprozess der BSC spricht dies ebenfalls für die Eignung der SBSC als Managementkonzept. Angesichts der globalen Dimension von Nachhaltigkeit ist ebenfalls ein Wandel des Verhaltens der Gesellschaft und damit auch der Unternehmen als Teil der Gesellschaft sowie als globale Akteure hin zu einer ressourcenschonenden, nachhaltigen Politik nötig. Gerade hier wird der kulturelle Charakter des Leitbilds Nachhaltigkeit deutlich;[80] im öffentlichen Bereich steht allerdings zurzeit vor allem die ökologische Dimension im Vordergrund. Eine Veränderung des Verhaltens, etwa der Konsumkultur, ist aber Bedingung für effiziente Umweltpolitik.[81]

Im Folgenden soll daher ebenfalls betrachtet werden, inwiefern kulturelle Ansprüche mittels der Sustainable Balanced Scorecard berücksichtigt werden können und wie den Herausforderungen in den verschiedenen Nachhaltigkeitsdimensionen begegnet wird. Dazu werden diese zunächst eingehend erläutert und anschließend daran die Chancen und Risiken des Konzepts aufgezeigt.

---

[78] Der Begriff „Naturkapital" bezeichnet nicht vom Menschen geschaffene, regenerative oder nicht regenerative, handelbare oder nicht handelbare Ressourcen, vgl. Costanza et al. (2001), S. 126f.
[79] Pfriem (2006), S. 363 sowie Fichter (2005), S. 33.
[80] Vgl. Pfriem (2006), S. 348.
[81] Vgl. Clausen / Mathes (1998), S. 40 sowie S. 43.

3.2 Nachhaltigkeitsmanagement allgemein

Für Unternehmen sind im Allgemeinen die drei Dimensionen Ökologie, Soziales, Ökonomie sowie die Integration dieser drei Bereiche einerseits in das schon bestehende Managementsystem, andererseits untereinander bedeutend.[82] Letztere stellt die eigentliche Herausforderung bei der Einführung eines Systems zum Nachhaltigkeitsmanagement dar, weil die aus diesem so genannten 3-Säulen-Modell resultierende große Vielzahl an sehr unterschiedlichen Zielen kombiniert werden muss. Dies ist notwendig, um ökologische und soziale Ansprüche in das üblicherweise lediglich auf ökonomische Effizienz ausgerichtete Management zu integrieren und diese somit in die Unternehmensstrategie aufzunehmen (vgl. Abbildung 5). Diese Sichtweise ist angesichts weiterer Einflussfaktoren wie etwa dem Risiko, globale nachhaltige Zusammenhänge durch Konzentration auf lokale Auswirkungen der unternehmerischen Tätigkeit aus den Augen zu verlieren, beschränkt. Allerdings würde eine dementsprechend umfangreiche funktionale Sichtweise eines kennzahlenbasierten Managementkonzepts (hier der SBSC) als zu ausführlich erscheinen, da globale Auswirkungen der unternehmerischen Tätigkeit nur sehr schwer quantitativ erfassbar sind und somit der Nutzen eines fokussierenden Managementsystems verloren gehen würde.

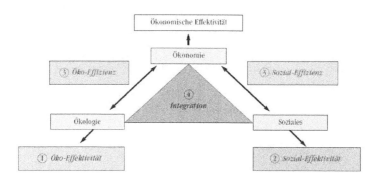

Abbildung 5: Die vier Dimensionen des Nachhaltigkeitsmanagements[83]

---

[82] Vgl. im Folgenden Schaltegger et al. (2007), S. 14ff. sowie Fichter (2005), S. 33ff.
[83] Quelle: Schaltegger et al. (2007), S. 14.

Dieses Schaubild verdeutlicht, dass auch Maßnahmen, die die Bereiche Ökologie und Soziales betreffen, letztendlich auf ökonomische Effektivität ausgerichtet sein müssen. Anderenfalls kann dem Anspruch des Nachhaltigkeitsgedankens, wirtschaftliche Leistungsfähigkeit bei gleichzeitig intakten ökologischen und sozialen Verhältnissen zu gewährleisten, nicht gerecht werden. Der Kernaspekt der Wertorientierung, der schon als Erfolgskriterium der BSC identifiziert wurde, muss also auch für die SBSC gelten. Vor diesem Hintergrund versuchen Unternehmen, eine höhere Öko- bzw. Sozial-Effizienz mittels verschiedener Instrumente und Konzepte (Öko-Bilanzen, Sozialberichte, Kennzahlensysteme, Öko-Kompass usw.) zu erreichen. Fraglich ist, ob es mittels der SBSC gelingen kann, diese Vielfalt an parallel im Unternehmen verwendeten Konzepten zu reduzieren bzw. vollständig zu vermeiden (EKN 1). Diese Aufwandsminimierung durch Integration angehängter Managementsysteme (vgl. Abbildung 6) würde einen erheblichen Anreiz für Unternehmen darstellen, dieses Konzept einzuführen.[84]

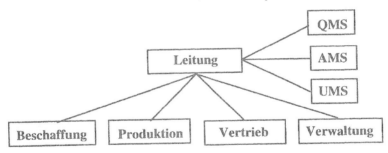

Abbildung 6: Herkömmliche Zuordnung von Managementsystemen[85]

An der Veränderung der beiden Effektivitätskennzahlen soll die direkte Wirksamkeit ökologischer bzw. sozialer Maßnahmen erkennbar werden. Als Öko-Effektivität wird der Grad der absoluten Umweltbelastung bezeichnet; dieser soll möglichst verringert, wenn möglich gänzlich vermieden werden (z. B. der CO_2-Ausstoß in t). Aber auch die Einhaltung von Mindeststandards (Safe Minimum Standards)[86] wird hier berücksichtigt; dazu tragen nicht zuletzt auch gesetzliche

---

[84] Vgl. Löbel et al. (2005), S. 91.
[85] Quelle: Löbel et al. (2005), S. 42; die angesprochenen Managementsysteme bestehen hier aus QMS (Qualitätsmanagementsystem), AMS (Managementsystem für Arbeitsschutz) und UMS (Umweltmanagementsystem).
[86] Diese Mindeststandards sind vor allem im Sinne der kritischen Nachhaltigkeit von Bedeutung, vgl. Fichter (2005), S. 41.

Vorschriften bei.[87] Sozial-Effektivität beschreibt den Erfolg von Maßnahmen, die unerwünschte soziale Wirkungen der unternehmerischen Tätigkeit vermeiden helfen (z. B. die Verringerung von Personalunfällen). Vor allem anhand des zeitlichen Verlaufs dieser beiden Effektivitätskriterien und der entsprechenden Kennzahlen wird der Erfolg der Unternehmung im jeweiligen Bereich gemessen. Gelingt es also im Sinne des Konzepts BSC, gut durchdachte und konsistente Kennzahlen für diese Bereiche zu formulieren, können durch die kontinuierliche Reflexion erfolgreiche Strategien sowie mögliche Trends festgestellt werden (EKN 2).[88] Dieses Erfolgskriterium könnte also ebenfalls für die SBSC sprechen; allerdings können gerade bei der Quantifizierung und Identifizierung sozialer und ökologischer Erfolgsfaktoren große Schwierigkeiten auftreten (siehe Kapitel 3.3).

Ergänzend hierzu beziehen sich die Begriffe Öko- und Sozial-Effizienz auf Verhältnisse z. B. zwischen der Wertschöpfung des Unternehmens in € und dem CO_2-Ausstoß in t. Solche Verhältnisse gilt es zu optimieren, indem nach Möglichkeit Synergieeffekte beispielsweise zwischen Möglichkeiten zur Erhöhung der Wertschöpfung und Reduzierung der Umweltbelastung genutzt werden. Das kann nur geschehen, indem Umwelt- und Sozialaspekte in das Management und in die Unternehmensstrategie (intensiver) integriert werden.[89]. Inwieweit die dafür erforderliche Bildung von Kausalketten mittels der SBSC möglich ist bzw. erst möglich wird, wird in Kapitel 4 analysiert.

Als Fazit für diesen Teil ist festzustellen, dass Unternehmen eine der individuellen Situation gerecht werdende Auswahl bezüglich der Kennzahlen sowie der in der Scorecard verwendeten Perspektiven treffen müssen, um eine optimale Integration von Nachhaltigkeit gewährleisten zu können. Daraus kann geschlossen werden, dass die eigentliche Herausforderung des Nachhaltigkeitsmanagements nicht nur in der Anwendung geeigneter Konzepte bzw. der Einführung von auf ökologische und soziale Aspekte ausgerichtete Maßnahmen besteht, sondern darin, diese erfolgreich und aufeinander abgestimmt in die bestehenden Managementstrukturen und damit in die Unternehmensstrategie zu integrieren. Diese Möglichkeit ist mit der BSC zweifelsohne gegeben; in Kapitel 4 wird darauf ein-

---

[87] Z.B. werden die Inhalte einer Umwelterklärung im Anhang III der EG-Verordnung Nr. 761/2001 vom 27.4.2001 (Öko-Audit-Verordnung) näher bestimmt, siehe hierzu: URL: http://www.emas.de/unterrubrik-15.html (Stand: 05.03.2008).
[88] Löbel, Schröger und Closhen sprechen hier von einem kontinuierlichen Verbesserungsprozess im Sinne des Total Quality Mangements (TQM), vgl. Löbel et al. (2005), S. 120f.
[89] Vgl. Fichter (2005), S. 61.

gegangen, inwiefern dies mittels der SBSC umgesetzt werden kann. Anschließend an diesen Teil folgt die Erläuterung der Herausforderungen der drei Dimensionen Ökonomie, Ökologie und Soziales; an ihnen und ihren Möglichkeiten zur Verknüpfung miteinander sollen weitere Erfolgskriterien für ein nachhaltiges Managementkonzept herausgearbeitet werden.

3.3 Erfolgskriterien nachhaltiger Managementkonzepte

Hauptmangel vergangener nachhaltig ausgerichteter Managementkonzepte war die unzureichende Integration.[90] So gab es im Unternehmen zwar beispielsweise ein Umwelt-, Qualitäts- & Arbeitsschutzmanagementsystem, diese wurden aber parallel zu den konventionellen verwendet. Diese Organisationsform zeichnete sich oftmals in der Bildung von Stabsstellen aus (vgl. Abbildung 6); teilweise wurden durch die Trennung der Systeme auch Unternehmen im Unternehmen geschaffen.[91] Problematisch sind dabei vor allem Doppelbearbeitung, unklare Zuständigkeiten etc.[92] Außerdem wird das übergeordnete konventionelle Managementsystem zunehmend obsolet, da es kaum mehr Aufgabenbereiche außer der Überwachung der anderen Systeme innerhalb des Unternehmens sowie der Auswertung der verschiedenen Ergebnisse hat.

Zur besseren Übersicht werden die nachhaltigen Erfolgskriterien in Abbildung 7 vorgestellt und anschließend erläutert:

---

[90] Vgl. Schaltegger / Dyllick (2002), S. 33ff.; Schaltegger spricht in diesem Zusammenhang auch vom „Satellitencharakter" derartiger Konzepte, vgl. Schaltegger (2004), S. 167.
[91] Vgl. Funck (2003), S. 233.
[92] Vgl. Löbel et al. (2005), S. 43.

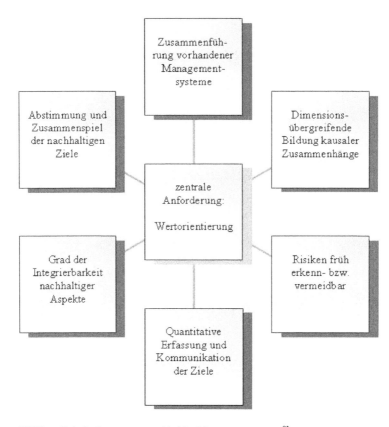

Abbildung 7: Anforderungen an nachhaltige Managementsysteme[93]

Wie bereits erwähnt enthält die ökonomische Dimension vor allem die Herausforderung, rentabel zu wirtschaften. Dies wirkt sich dementsprechend auf die anderen drei Bereiche eines nachhaltigen Managementsystems aus, da Rentabilität in der Regel den eigentlichen Gegenstand einer Unternehmung darstellt.[94] Ziel ist somit, die ökonomische Effektivität zu erhöhen und die langfristige Existenz zu sichern. In Verbindung mit Nachhaltigkeit steht hier die Verbesserung der Verhältnisse Öko- bzw. Sozial-Effizienz im Vordergrund.[95] Auf diese Art und Weise sollen Entscheidungen, die diese beiden Dimensionen betreffen, mit in das Mana-

---

[93] Quelle: eigene.
[94] Damit gestaltet sich die Verteilung der nachhaltigen Erfolgskriterien in Abbildung 7 analog zu Abbildung 4.
[95] Vgl. Schaltegger et al. (2007), S. 16f.

gement integriert und gleichzeitig auch durch den Einbezug monetärer Größen rentabel gestaltet werden (vgl. EKN 2). Dazu ist es nötig, kausale Verknüpfungen zumindest zwischen der ökonomischen und der ökologischen / sozialen Dimension zu identifizieren (vgl. Abbildung 5).

In der zweiten Dimension, Ökologie, wird vor allem die durch die wirtschaftliche Tätigkeit verursachte Umweltbelastung betrachtet. Das Ökosystem ist nur bis zu einer bestimmten Grenze belastbar; wird diese überschritten, kann es sich nicht mehr regenerieren und wird in diesem Fall durch unternehmerische Tätigkeit irreparabel geschädigt (z. B. Rückgang der Artenvielfalt im Regenwald durch Rodungen).[96] Also müssen in diesem Bereich Kennzahlen und Maßnahmen herausgebildet werden, die Unternehmen helfen, die Öko-Effektivität durch Verringerung der Umweltbelastung zu erhöhen. Problem hierbei kann einerseits die schwierige Quantifizierbarkeit der Umweltauswirkungen unternehmerischen Handelns sein (z. B. sind Langzeitfolgen wie globale Erwärmung erst erkennbar, wenn sie längst eingetreten sind). Andererseits treten die Auswirkungen der Tätigkeiten (bzw. die tatsächliche Umweltbelastung) oftmals an anderen Stellen auf, als sie entstanden sind.[97] Darum ist die Möglichkeit, Risiken früh zu erkennen um entsprechend reagieren zu können, ein unabdingbarer Bestandteil eines nachhaltigen Managementsystems (EKN 3).

Die dritte Dimension, soziale Aspekte, fordert von Unternehmen, die gesellschaftlichen Konsequenzen ihres Handelns zu berücksichtigen. Gerade dieser Bereich ist zunehmend von Bedeutung, da Unternehmungen heute mehr denn je auf gesellschaftliche Akzeptanz angewiesen sind. Stakeholder im heutigen Informationszeitalter sind in der Lage, sich umfassender als noch vor wenigen Jahrzehnten mit wirtschaftlichen Aktivitäten und ihren ökologischen und sozialen Auswirkungen auseinanderzusetzen. Schon deswegen findet in der Praxis eine Integration sozialer Ansprüche der Gesellschaft und auch der Mitarbeiter in die Politik des Managements statt, so zum Beispiel durch Corporate Social Responsibility (CSR). Die direkte Übersetzung ins Deutsche[98] zielt vor allem auf das soziale Engagement von Unternehmen ab; mit „social" sind im angloamerikanischen Sprachraum aber in der Regel alle Unternehmensumwelten, also auch die ökologische, ge-

---

[96] Vgl. hierzu auch „Kritsche Nachhaltigkeit", s. Kapitel 3.1.
[97] Vgl. Schlatter (1998), S. 155.
[98] Corporate Social Responsibility entspricht „Soziale Verantwortung des Unternehmens" im Deutschen.

meint.[99] Da diese jedoch oben bereits ausführlich betrachtet wurde, soll hier vor allem die soziale Verantwortung der Unternehmen betrachtet werden. Generelle Rahmenbedingungen, die durch den Staat geschaffen werden, müssen von den Unternehmen beachtet bzw. eingehalten werden. Außerdem muss eine Interaktion mit allen Stakeholdern stattfinden, um deren Ansprüchen gegenüber dem Unternehmen gerecht zu werden.[100] Erneut schwierig gestaltet sich die Quantifizierung der Erfüllung derartiger Ansprüche, da Einstellungen und Meinungen oftmals nur über aufwendige Befragungen analysiert werden können. Dementsprechend stellen sich heutzutage viele Unternehmen als gesellschaftlich verantwortlich handelnd dar, haben aber keine direkten und vergleichbaren Belege für diese Aussage. Also ist für den Erfolg eines Nachhaltigkeitsmanagementsystems die quantitative Erfassung und Kommunikation von gesetzten (bzw. erreichten) Zielen notwendig (EKN 4). Findet im Rahmen des Managementkonzepts ausschließlich eine Beschränkung auf ökologisch nachhaltige Ziele statt, ist dies zwar wünschenswert und unter Umständen imagefördernd; ein solches Konzept entspricht jedoch eher einem Umweltmanagementsystem, da der ganzheitliche Charakter der Nachhaltigkeit so verloren geht.[101]

Nicht nur der Umgang mit Anliegen externer Stakeholder, sondern auch der Erhalt und die Entwicklung des Produktivkapitals im Sinne von Human Resources stehen in der sozialen Dimension im Mittelpunkt. Gerade hier wird der enge Zusammenhang dieser Dimension mit der ökonomischen Effektivität eines Unternehmens deutlich, denn gut ausgebildetes Personal trägt erheblich zum wirtschaftlichen Erfolg bei. Hierfür wurde der Begriff Sozial-Effizienz geprägt.[102] Erfolgreiches Nachhaltigkeitsmanagement wird dementsprechend auch daran gemessen, inwieweit es gelingt, positive soziale Auswirkungen der unternehmerischen Tätigkeit sowohl auf interne als auch auf externe Stakeholder zu erkennen und zu fördern. Dieses Erfolgskriterium ist allerdings nicht ausschließlich auf das Nachhaltigkeitsmanagement beschränkt; die BSC an sich enthält bereits eine Lern- und Entwicklungsperspektive, die eben diese Förderung gewährleisten soll (s. o.).

---

[99] Vgl. Gazdar et al. (2006), S. 17.
[100] Vgl. Löbel et al. (2005), S. 71f.
[101] Vgl. Clausen / Mathes (1998), S. 43.
[102] Sozial-Effizenz meint hier analog zur Öko-Effizienz die Ausnutzung von Synergieeffekten zwischen Wertschöpfung und Berücksichtigung sozialer Aspekte, vgl. Schaltegger et al. (2007), S. 25f.

Im Zusammenhang mit dem generellen Ziel der langfristigen Legitimation einer Unternehmung durch Wirtschaftlichkeit ist es zunehmend nötig, eine vierte Dimension, die Integration des Nachhaltigkeitsmanagements, zu berücksichtigen. Diese dient dazu, das konventionelle Management um die anderen beiden Dimensionen zu erweitern und dabei trotzdem die Rentabilität des Unternehmens zu sichern. Da eine Integration anhand der Konzentration auf Öko- bzw. Sozial-Effizienz nicht automatisch stattfindet, muss diesem Bereich eine genauere Betrachtung zuteil werden. Aufgrund der bereits erwähnten großen Vielfalt von Zielen beinhaltet diese Dimension das eigentliche Kriterium für Konzepte, die dem Management einer nachhaltigen Entwicklung dienen sollen: der Grad ihrer Integrierbarkeit (EKN 5).[103]

Dieses 3-Säulen-Modell, welches in der Praxis eine hohe Popularität genießt, war in den letzten Jahren auch Kritik ausgesetzt. So wird befürchtet, dass die teilweise sehr weichen Formulierungen und Bedingungen für Nachhaltigkeit in Unternehmen von eben diesen missbraucht werden, um sich nach außen als Vertreter einer nachhaltigen Entwicklung zu präsentieren. Allerdings wird in manchen Fällen den Herausforderungen der ökologischen und der sozialen Dimension überhaupt nicht entgegen getreten. Beispielsweise kann ein Unternehmen behaupten, die Öko-Effizienz verbessert zu haben, dieses eventuell auch mit entsprechenden Kennzahlen belegen. Da Öko-Effizienz allerdings ein Verhältnis beschreibt, kann die Effizienz auch verbessert werden, indem lediglich die ökonomische Größe wie etwa die Wertschöpfung erhöht wird. Die ökologische Größe (zum Beispiel CO_2-Ausstoß) muss nicht zwangsläufig reduziert werden, um eine erhöhte Öko-Effizienz vorweisen zu können. Da hier bisher keine genaueren Standards vorliegen, muss der externe Betrachter die jeweiligen Aussagen eines Unternehmens bezüglich einer nachhaltigen Strategie kritisch betrachten. Dementsprechend sind innerhalb eines Nachhaltigkeitsmanagementsystems nicht nur die einzelnen Ziele und Maßnahmen wichtig, sondern es muss eine Abstimmung vorliegen.[104] Im Idealfall ist das Zusammenspiel derart ausgestaltet, dass es zu keinen Überschneidungen innerhalb der Ziele mehr kommt, also ein perfektes und harmonisches Gleichgewicht entsteht (EKN 6).[105] Von einer nachhaltigen Entwicklung kann daher nur gesprochen werden, wenn eine Integration der Ziele der drei verschie-

---

[103] Vgl. Schaltegger et al. (2007), S. 9-26.
[104] Vgl. Schaltegger (2004), S. 167.
[105] Vgl. Kaufmann (2002), S. 32.

denen Dimensionen erreicht wird.[106] Das dritte Zwischenergebnis wird in Tabelle 3 dargestellt.

Nummer	Kriterium für nachhaltigen Erfolg eines Managementsystems	Gilt EKN auch für SBSC?
EKN 1	Zusammenführung der verschiedenen betrieblichen Managementsysteme in einem Konzept	Fraglich
EKN 2	Dimensionsübergreifende Kennzahlenbildung und Identifizierung kausaler Zusammenhänge zwischen den Dimensionen	Fraglich
EKN 3	Risiken früh erkenn- und vermeidbar	Fraglich
EKN 4	Quantitative Erfassung und Kommunikation von gesetzten /erreichten Zielen	Fraglich
EKN 5	Grad der Integrierbarkeit ökonomischer, ökologischer und sozialer Aspekte	Fraglich
EKN 6	Abstimmung und Zusammenspiel der Ziele in den verschiedenen Dimensionen	Fraglich

Tabelle 3: Drittes Zwischenergebnis: Kriterien für nachhaltigen Erfolg[107]

Im folgenden Kapitel 4 wird das Konzept der Sustainable Balanced Scorecard erläutert und die entwickelten Erfolgskriterien (EK 1-9 & EKN 1-6) darauf übertragen. Anschließend folgt eine kritische Betrachtung der Geeignetheit der SBSC als nachhaltiges Managementinstrument.

---

[106] Vgl. Schaltegger et al. (2007)., S. 17f.
[107] Quelle: eigene.

4. Die Sustainable Balanced Scorecard

Diese Erweiterung des Konzepts der Balanced Scorecard wurde im Rahmen eines Forschungsprojektes des Bundesministeriums für Bildung und Forschung (BMBF) 2002 mit einer kleinen Gruppe von Unternehmen getestet.[108] Ziel war es, eine praktisch umsetzbare und attraktive Möglichkeit zur Integration der drei Nachhaltigkeitsdimensionen entsprechend ihrer strategischen Relevanz zu schaffen. Generelles Problem dabei ist, dass Unternehmen Umwelt- und Sozialaspekte nur berücksichtigen werden, wenn diese wie bereits erläutert einen „klar erkennbaren Beitrag zum wirtschaftlichen Erfolg"[109] leisten. Ergänzend dazu muss ein entsprechendes Konzept dauerhaft und nicht nur in finanziell guten Zeiten im Betrieb verwendet werden, um Akzeptanz und Effizienz zu garantieren.[110] Durch kontinuierliche und konsequente Nutzung eines Managementsystems können langfristige Lerneffekte auftreten, so dass die Effizienz hierdurch maßgeblich gesteigert werden kann.[111]

Zum besseren Verständnis wird zunächst die Struktur einer Sustainable Balanced Scorecard betrachtet. Auch die verschiedenen Möglichkeiten zur Berücksichtigung nachhaltiger Aspekte werden erläutert. Danach werden die ermittelten Erfolgskriterien auf das Konzept angewendet und der Grad ihrer Übertragbarkeit kritisch festgestellt.

4.1 Konzept der Sustainable Balanced Scorecard

Analog zur BSC ist das Vorliegen einer (nachhaltigen) Strategie Voraussetzung für die Erstellung einer Sustainable Balanced Scorecard. Demzufolge ist auch die SBSC für jedes Unternehmen separat unter Berücksichtigung von individuellen Aspekten zu erstellen. Die Struktur der Scorecard bleibt weitgehend gleich; es findet jedoch eine Erweiterung um eine fünfte Perspektive (nichtmarktliches Umfeld oder Nicht-Markt Perspektive genannt) statt, die auf alle anderen Perspektiven einwirkt (vgl. Abbildung 8).[112] Diese umfassende Einwirkung ist

---

[108] Dazu gehörten die Firmen Axel Springer Verlag AG, Flughafen Hamburg GmbH, Obi Heimmärkte, Berliner Wasserbetriebe, Unaxis AG und Volkswagen AG, vgl. Schaltegger / Dyllick (2002), S. 6.
[109] Schaltegger (2004), S. 165.
[110] Schoenheit / Remmers (2005), S. 398.
[111] Vgl. Horváth et al. (2007), S. 271f.
[112] Vgl. Hahn et al. (2002), S. 58.

damit zu erklären, dass die relevanten ökologischen und sozialen Erfolgsfaktoren zumeist aus einem Umfeld des Unternehmens stammen, welches zunächst nicht in direktem Kontakt mit dem Markt zu stehen scheint; entsprechend müssen in Entscheidungen jeder anderen Perspektive, ob Kunden, interne Prozesse, Finanzen oder Lernen, diese Faktoren mit einbezogen werden, da sie nicht auf einen konkreten Teil der Organisation einwirken. Im Zusammenhang mit dem Gedanken der Nachhaltigkeit wird dies deutlich, weil dort vor allem die Ansprüche, die Stakeholder wie Gesellschaft, Natur etc. an das Unternehmen herantragen, in Managemententscheidungen berücksichtigt werden sollen; diese Ansprüche betreffen oftmals wiederum das gesamte Unternehmen (z. B. kann ein Gesetz zur Erhöhung des Nichtraucherschutzes über die Strategie eines Tabakkonzerns die Ziele der Perspektiven Lernen und Entwicklung (Forschung nach weniger schädlichen Stoffen) oder interne Prozesse (verringerter Einsatz von Pestiziden im Anbau) usw. beeinflussen).

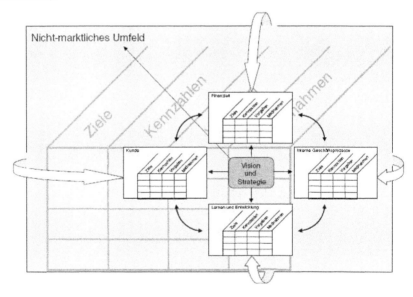

Abbildung 8: Die fünf Perspektiven der Sustainable Balanced Scorecard[113]

In Abbildung 8 ist erkennbar, dass die neue fünfte Perspektive ebenfalls Ziele, mit Kennzahlen zu messende Vorgaben sowie geeignete Maßnahmen zu deren

---

[113] Quelle: analog zu Figge et al. (2001), S. 24.

Erreichung enthält. Hier werden ergänzend zur BSC soziale und ökologische Faktoren über die Strategiebildung mit in die Zielvorgaben einbezogen. Dieser Prozess findet genau wie bei der konventionellen BSC top-down-gerichtet statt; Ergebnis soll durch das kaskadenartige Herunterbrechen der nachhaltigen Unternehmensstrategie eine vollständige Integration ökologischer und sozialer Ansprüche sein.[114] Gleichzeitig werden hierdurch Ursache-Wirkungs-Ketten zwischen Maßnahmen zur Erfüllung dieser Ansprüche und der finanziellen Perspektive geknüpft. Dazu ist stets der Beitrag eben dieser Maßnahmen zur Wertschöpfung zu beurteilen, wodurch direkt oder indirekt eine wertorientierte Ausrichtung der nachhaltigen Unternehmensziele stattfindet.[115] Das scheinbar komplizierte Zusammenspiel der drei Dimensionen der Nachhaltigkeit mit den vier Perspektiven der BSC lässt sich am einfachsten durch eine Matrix veranschaulichen (vgl. Abbildung 9).

	Perspektiven der klassischen Balanced Scorecard			
	Finanz-perspektive	Kunden-perspektive	Prozess-perspektive	Lern- und Entwicklungs-perspektive
Ökonomische Nachhaltigkeit	- Rentabilität - Cashflow - Markenwert	- Kundenzufriedenheit - Umsatzanteil "Stammkunden"	- Bearbeitungszeiten - Produktivität	- Mitarbeiterzufriedenheit - Innovationsfähigkeit
Soziale Nachhaltigkeit	- Gesundheitsvorsorge - Kosten für Gemeinwesenprojekte	- Produktsicherheit - Gewährleistung und Kulanz	- Berufsunfälle, -krankheiten - Innovative Arbeitszeitmodelle	- Weiterbildung - Diversity-Programme
Ökologische Nachhaltigkeit	- Kosten Energieverbrauch - Aufwand für Umweltschutz	- Service- und Reparatur - Entsorgungssicherheit	- Ressourceneffizienz - Emissionen	- Forschung für Umweltziele - Umwelt-Reporting

Abbildung 9: Beispiel einer SBSC-Matrix[116]

Es entstehen somit zwölf (bzw. ergänzend zu den vier ökonomischen Feldern der BSC zusätzlich vier soziale und vier ökologische) Felder, in denen entspre-

---

[114] Vgl. Schaltegger (2004), S. 169.
[115] Vgl. Hahn / Wagner (2001), S. 5.
[116] Quelle: Schoenheit / Remmers (2005), S. 401.

chende Ziele formuliert werden können.[117] Analog zur BSC besteht ein zentraler Aspekt darin, die fünf Perspektiven kausal miteinander zu verknüpfen. Dadurch wird gewährleistet, dass auch Erfolgsfaktoren in die Strategie mit einbezogen werden, die nicht durch Reaktionen am Markt reflektiert werden.[118] Dies erscheint vor allem in Industrien sinnvoll, die sehr stark auf die Umwelt einwirken können (etwa Kohlekraftwerke) oder sozialer Kritik ausgesetzt sind (etwa Tabakkonzerne). Mögliche Risiken in diesen Bereichen werden in der Regel nicht in Marktpreisen oder im Verhalten der Konsumenten direkt zu beobachten sein, stellen aber angesichts der aktuellen Nachhaltigkeitsdiskussion in Zukunft entscheidende Erfolgsfaktoren dar. Durch eine rechtzeitige Berücksichtigung eben solcher Aspekte und einer damit einhergehenden Differenzierung können in Zukunft Wettbewerbsvorteile entstehen, die sich dann wiederum in den Gewinnen des Unternehmens widerspiegeln.[119] Damit ist ebenfalls die Wertorientierung der SBSC begründet, da nur zukünftig bzw. strategisch relevante Erfolgsfaktoren mit in das Kennzahlensystem aufgenommen werden.

Der Prozess zur Entwicklung einer SBSC gleicht im Wesentlichen dem der BSC (siehe Abbildung 3). Wichtig ist, dass für das betroffene Unternehmen bzw. die betroffene Abteilung zunächst die Umwelt- und Sozialexponiertheit ermittelt wird, um darauf aufbauend die strategische Relevanz von entsprechenden Umwelt- und Sozialaspekten festzustellen.[120] Anschließend werden daraus resultierende Ziele für alle Unternehmensebenen abgeleitet, darauf basierende Kennzahlen gebildet und in die Scorecard aufgenommen. Zu erwähnen ist noch, dass der Kreislaufprozess der BSC ebenfalls bei der SBSC Anwendung findet, die Ziele also nicht fixiert sind, sondern durch eine regelmäßige Reflexion der Strategie verändert werden können.[121] Der für Unternehmen bei Einführung eines nachhaltigen Managementsystems aus Gründen der Glaubwürdigkeit entstehenden Verpflichtung zu einem kontinuierlichen Verbesserungsprozess wird dadurch entsprochen.[122]

Wie in Kapitel 2.1 bereits festgestellt, lassen sich die strukturbedingten Erfolgskriterien (EK 1 – 4) teilweise auf die SBSC übertragen. Die offene Struktur

---

[117] Vgl. Arnold et al. (2001), S. 8f.
[118] Vgl. Hahn et al. (2002), S. 58.
[119] Vgl. Dyllick et al. (1997), S. 175.
[120] Vgl. Hahn et al. (2002), S. 68ff.
[121] Vgl. Boguslawski (2004), S. 219.
[122] Vgl. Dyllick et al. (1997), S. 38.

bleibt erhalten, da die Matrix grundsätzlich mit jeder Art von Perspektive erstellt werden kann. Da die Perspektiven relativ frei wählbar sind (s. o.), trifft das erste Erfolgskriterium der BSC auch auf die SBSC zu.

Problematisch kann es bei der Quantifizierung sozialer und ökologischer Aspekte werden, wenn diese nicht direkt oder nur mit hohem Aufwand (zeitlich, personell, finanziell etc.) erfassbar sind (z. B. Kundenzufriedenheit, Anteil am Klimawandel...). Die Datenverfügbarkeit spielt also eine zentrale Rolle.[123] Da die BSC bereits weiche Erfolgsfaktoren beinhaltet, sollte auch mit der SBSC ein Weg zu deren Erfassung auffindbar sein. Allerdings wird eine Beschränkung auf bestimmte ökologische und soziale Aspekte unvermeidbar sein;[124] der ganzheitliche Anspruch des Leitbildes Nachhaltigkeit geht damit verloren. Das zweite Erfolgskriterium der BSC kann somit nur situationsabhängig erfüllt werden. Ähnliches gilt für das Dritte: innerhalb der einfachen BSC ist es unter Umständen schwierig, gleichzeitig Erfolgsfaktoren beispielsweise in den Perspektiven Mitarbeiter und Finanzen zu entwickeln, da Zielkonflikte bestehen können. Durch die zusätzliche Implementierung ökologischer und erweiterter sozialer Aspekte kann es hier zu einer Verschärfung bzw. Anhäufung von Konflikten kommen, die letztendlich das Managementsystem ineffizient werden lassen.

Die Übertragbarkeit des vierten Erfolgskriteriums der BSC (Klare Kommunikation und Vermittlung der Strategie an alle Mitarbeiter) auf die SBSC ist prinzipiell gegeben, da sich die beiden Konzepte strukturell äußerst ähnlich sind. Voraussetzung hierfür ist jedoch, dass die Idee der Nachhaltigkeit auch von den Mitarbeitern akzeptiert wird, da sie nur auf diese Art von ihnen auch getragen wird und als Folge daraus entsprechende Ziele umgesetzt werden. Angesichts der aktuellen globalen Entwicklungen vor allem in Bezug auf den Klimawandel und der deutlichen Forderung von NGOs (Non Governmental Organizations), Politik und auch vieler einzelner Bürger, verantwortungsvoller mit (natürlichen) Ressourcen umzugehen und die Umwelt zu schonen, scheint diese Akzeptanz gegeben zu sein. Der erforderliche Wertewandel[125] als Basis für nachhaltige Managementsysteme ist allerdings noch nicht weltweit eingetreten, so dass vor allem global operierende Unternehmen trotz nachhaltiger Leitbilder in (in diesem Zusammenhang) weniger weit entwickelten Regionen als vergleichsweise Europa vor einer großen

---

[123] Vgl. Boguslawski (2004)., S. 216.
[124] Vgl. Schaltegger (2004), S. 172.
[125] Vgl. u. a. Clausen / Mathes (1998), S. 40.

Herausforderung stehen. Hier könnten unter anderem Mitarbeiterschulungen zur Verständlichkeit der Notwendigkeit nachhaltigen Wirtschaftens beitragen; dies ist jedoch mit zeitlichem, personellem und finanziellem Aufwand verbunden, wodurch die SBSC für unter Marktdruck stehende Global Player an Attraktivität verliert. Für kleine und mittlere Unternehmen (KMU) allerdings könnte hier ein Vorteil der SBSC gegenüber der BSC liegen, da die Mitarbeiter (etwa in Deutschland) Nachhaltigkeit oftmals in ihre eigenen Wertvorstellungen integriert haben und damit die Einführung eines entsprechenden Managementsystems unterstützen. Die Kommunikation und Verständlichkeit der Ziele einer SBSC stellt somit für Global Player eher eine Hürde dar, für KMU jedoch eine Chance. Problematisch an dieser Stelle ist, dass in vielen KMU ein entsprechendes Leitbild bzw. eine nachhaltige Unternehmensvision als Ausgangspunkt für die Implementierung der SBSC erst noch gebildet werden müssen, da mittelständische Führungskräfte oftmals eher praktisch als strategisch denken.[126]

Um derartige Hindernisse für die Strategieumsetzung im Vorfeld zu vermeiden ist ein im Vergleich zur BSC höherer Aufwand nötig, da einerseits eventuell nachhaltige Leitbilder erst formuliert, andererseits Kausalzusammenhänge nicht nur in der ökonomischen, sondern auch in den beiden anderen Dimensionen erarbeitet werden müssen. Eine intensive Auseinandersetzung mit Ursache-Wirkungs-Ketten ist daher unerlässlich.[127] Diese beiden Problembereiche sind jedoch durch eine durchdachte und konsequente Einführung der Sustainable Balanced Scorecard in der Regel vermeidbar.[128] Somit kann hier nur eine eher schwache Begründung für einen im Vergleich zum Konzept BSC geringeren Einsatz in der Unternehmenspraxis liegen. Damit ergibt sich als erstes Ergebnis die Tabelle 4. Die Übertragbarkeit der übrigen Erfolgskriterien wird im folgenden Abschnitt analysiert.

---

[126] Vgl. Boguslawski (2004), S. 216.
[127] Vgl. Hahn et al. (2002), S. 61.
[128] Vgl. analog dazu Horváth et al. (2007), S. 108: Erarbeitung und Kommunikation des Konzepts sind genauso wichtig wie die Resultate.

Nummer	Erfolgskriterium der BSC	Übertragbarkeit auf SBSC
EK 1	Offene Struktur des Konzepts / Beliebigkeit der Perspektiven	Ja
EK 2	Jede Art von Erfolgsfaktoren ist aufnehmbar / kann berücksichtigt werden	Teilweise
EK 3	Homogene Zielsetzung entlang der Hierarchieebenen	Ja
EK 4	Klare Kommunikation und Vermittlung der Strategie an alle Mitarbeiter	Ja

Tabelle 4: Vergleich der funktionsbedingten Erfolgskriterien[129]

4.2 Übertragung der Erfolgskriterien und kritische Würdigung

Ergänzend zu den aus dem Aufbau des Konzepts Balanced Scorecard resultierenden Kriterien für den Erfolg eines kennzahlenbasierten Managementsystems wurden fünf weitere, allgemeinere identifiziert (EK 5 – 9). Diese kennzeichnen sich unter anderem durch eine starke Ausrichtung auf die Wertschöpfung eines Unternehmens aus. Fraglich ist unter Berücksichtigung des Leitbildes der Nachhaltigkeit, inwiefern diese Wertorientierung und damit die Attraktivität des (erweiterten) Managementsystems bei Aufnahme ökologischer und sozialer Ziele erhalten bleiben kann.

Das erste allgemeine Erfolgskriterium der BSC bezieht sich auf die prägnante Zielformulierung und die damit einhergehende Kommunikation entlang der Hierarchieebenen, was erheblich zur Verständlichkeit der Unternehmensstrategie für jeden Mitarbeiter beiträgt (EK 5). Da die SBSC die Struktur der BSC zwar erweitert, das Funktionsprinzip hinsichtlich der Zielbildung und -vermittlung jedoch gleich bleibt, ist eine nachhaltige Strategie ebenfalls auf allen Unternehmensebenen darstellbar. Allerdings muss darauf geachtet werden, dass sich die Anzahl der Zielvorgaben pro Perspektive durch die Bildung der Matrix nicht wesentlich erhöht, denn darunter würde die Überschaubarkeit leiden. Die Beschränkung auf etwa zwei ökonomische, zwei ökologische und zwei soziale Ziele in jeder der vier Perspektiven wird der Forderung von ca. fünf Zielen noch gerecht. Unter Umständen kann die Verständlichkeit der Unternehmensstrategie durch die zusam-

---

[129] Quelle: eigene.

mengefasste ganzheitliche Darstellung mittels der Matrix sogar erhöht werden. Das fünfte Erfolgskriterium ist also unter der Voraussetzung übertragbar, dass bei der Zielsetzung eine disziplinierte Beschränkung bezüglich der Anzahl stattfindet.

Die Motivation und Beteiligung der Mitarbeiter (EK 6) hingegen ist bei der SBSC ebenso wie bei der BSC gegeben, vorausgesetzt, es liegen keine Zielkonflikte zwischen den Dimensionen vor. Ebenso müssen die Notwendigkeit und der Zusammenhang der nachhaltigen Strategie mit der finanziellen Perspektive deutlich werden. Dazu ist es nötig, dass die Führungskräfte hinter der SBSC stehen und diesen Eindruck auch weitergeben;[130] aufgrund der höheren Ansprüche der SBSC scheint hier der Einsatz eines Scorecardchampions geradezu verpflichtend zu sein, damit die Mitarbeiter einen verlässlichen Ansprechpartner mit entsprechendem Fachwissen haben. Problematisch für die Umsetzbarkeit ist die durch die Matrix erhöhte Anzahl an Feldern, in denen Ziele gebildet werden müssen; der Prozess der Konsensbildung bei der Zielformulierung kann durch entsprechend unterschiedliche Meinungen der beteiligten Führungskräfte erheblich verlängert werden. Mediatoren können jedoch dazu beitragen, dass die Erstellung der SBSC und damit auch die praktische Umsetzung der Ziele im Anschluss nicht nur im zeitlichen Rahmen bleiben; auch ist die Zustimmung und Akzeptanz der aus der Strategie abgeleiteten nachhaltigen Teilziele bei allen Führungskräften für den sinnvollen und rentablen Gebrauch der SBSC auf diese Art herbeiführbar. Das sechste Erfolgskriterium ist also ebenfalls übertragbar, wenn auch mit einem in Bezug auf die Konsensbildung unter Umständen höheren Aufwand.

Eine logische und konsistente Zielformulierung findet bei der SBSC statt, da der Prozess zur Erstellung dem der BSC entspricht (vgl. Abbildung 3). Feedbacks und Lernprozesse sind auch im nachhaltigen Rahmen möglich und angesichts der durch die Mehrdimensionalität gestiegenen Möglichkeiten kausaler Zusammenhänge der Erfolgsfaktoren auch erforderlich. Fraglich ist an dieser Stelle, inwiefern die Flexibilität bezüglich der möglichen Reaktionsstrategien von Wettbewerbern durch die Berücksichtigung ökologischer und sozialer Ziele betroffen ist. Einerseits kann eine entsprechende Integration zu Differenzierungs- und damit zu Wettbewerbsvorteilen führen, andererseits haben verantwortungslosere Wettbewerber unter Umständen die Möglichkeit, durch zum Beispiel weniger umweltverträgliche Produktionsverfahren kostengünstiger zu produzieren; hierdurch

---

[130] Vgl. Boguslawski (2004), S. 220.

könnte deren Image wiederum Schaden davon tragen. Ob ein Wettbewerbsvorteil durch nachhaltige Differenzierung entsteht, hängt somit von der Marktsituation des jeweiligen Unternehmens ab. Generell jedoch ist auch das siebte Erfolgskriterium auf die SBSC übertragbar.

Anders sieht es beim achten Erfolgskriterium aus. Bereits bei der BSC können Schwierigkeiten bei der Quantifizierung von Zielen auftreten. Die Berücksichtigung ökologischer und sozialer Anliegen stellt hier sehr hohe Anforderungen an die Führungskräfte; auch hier scheint eine Beschränkung nachhaltiger Aspekte auf bestimmte Kennzahlen erforderlich. Fraglich ist auch, inwiefern dimensionsübergreifend einheitliche Messverfahren benutzt werden können, da sich soziale Ziele und die Erfassung des Erreichungsgrads erheblich von ökologischen bzw. ökonomischen unterscheiden können. Eventuell kann eine Konzentration auf Ursache-Wirkungs-Ketten für eine zusammenhängende Messung einen großen Beitrag leisten. Fraglich bleibt auch, inwiefern soziale und ökologische Aspekte vom Management beeinflussbar sind. Der Grad der Umweltverschmutzung kann zwar reduziert werden; der Einfluss auf langfristige Entwicklungen ist jedoch kaum vorhersehbar. Gleiches gilt für soziale Maßnahmen, da die sozialen Auswirkungen der unternehmerischen Tätigkeit sehr vielfältig sein können. Die Übertragbarkeit dieses Kriteriums ist angesichts der Ungewissheiten weniger gegeben.

Dass Präzision und ein damit verbundener hoher Aufwand auch bei der Erstellung und Einführung einer Sustainable Balanced Scorecard im Unternehmen erforderlich sind, ist bis hierhin bereits deutlich geworden. Für die Übertragbarkeit dieses letzten allgemeinen Erfolgskriteriums ist zu überlegen, inwiefern bei Verwendung dieses Konzepts damit ebenfalls eine Kostenersparnis verbunden ist. Angesichts der Tatsache, dass soziale und ökologische Faktoren vor ihrer Integration auf ihre strategische Relevanz und damit auf ihren Beitrag zur Wertschöpfung des Unternehmens hin untersucht werden, ist EK 9 auf die SBSC übertragbar. Zu bedenken ist jedoch, dass dieser Beitrag oftmals nicht absolut quantifizierbar ist; Führungskräfte können lediglich im Verhältnis zu anderen Größen (hier durch Ursache-Wirkungs-Ketten) beurteilen, ob ein weicher Erfolgsfaktor die Wertschöpfung des Unternehmens positiv beeinflusst bzw. im Endeffekt durch eine Steigerung der Sozial- oder Öko-Effizienz zu einer Kostenersparnis führt. Voraussetzung dafür ist, dass die beteiligten Manager entsprechend im Nachhaltigkeitsmanagement geschult sind, damit bei der Zielbildung keine kostenintensiven Fehler gemacht werden. Wird also bei der Auswahl der strategisch relevanten Größen mit hoher Präzision unter Beachtung aller möglichen Zusammenhänge zwischen potentiellen Zielgrößen für die SBSC gearbeitet, führt dies ebenfalls zu einer Kostenersparnis.

Die Erfolgskriterien eines konventionellen, auf Kennzahlen basierenden Managementsystems sind also zum Großteil auch auf die Sustainable Balanced Scorecard übertragbar. Im Anschluss an diese Erläuterung soll ergänzend betrachtet werden, ob das Konzept den allgemeinen Ansprüchen eines nachhaltigen Managementsystems ebenfalls gerecht werden kann. Als zweites Ergebnis ergibt sich an dieser Stelle Tabelle 5.

Nummer	Erfolgskriterium der BSC	Übertragbarkeit auf SBSC
EK 5	Kommunikation entlang der Hierarchieebenen und knappe, eindeutige und durchdachte Zielsetzung fördert die Verständlichkeit der Unternehmensstrategie intern	Ja
EK 6	Das Konzept ist gut umsetzbar, da Mitarbeiter motiviert und einbezogen werden; Scorecardchampions helfen bei der Umsetzung von Zielen	Ja
EK 7	Regelmäßige Feedbacks und Lernprozesse unterstützen die konsistente Zielbildung und die Aufdeckung logischer kausaler Zusammenhänge	Ja
EK 8	(größtenteils) quantifizierbare und vom Management beeinflussbare Ziele	Kaum
EK 9	Hoher Aufwand und Präzision bei der Erstellung führen zu Kostenersparnis	Ja

Tabelle 5: Vergleich der konventionellen Erfolgskriterien[131]

Bei der Einführung einer SBSC in einem Unternehmen ist eine Fokussierung auf wenige strategisch besonders relevante nachhaltige Erfolgsfaktoren nötig. Da alle drei Dimensionen der Nachhaltigkeit berücksichtigt werden, ist eine weitere Verwendung separater und parallel verwendeter Managementsysteme nicht mehr sinnvoll. Die zusätzliche offene Struktur der Kennzahlenmatrix lässt die Einbin-

---

[131] Quelle: eigene.

dung jeder Art von zuvor in anderen Konzepten berücksichtigter Größen zu. Im Zusammenhang mit EK 9 verringert die Einführung einer SBSC den Verwaltungsaufwand bzw. die für das Managementsystem notwendigen Betriebskosten. Da in die SBSC analog zur BSC nur strategisch relevante Erfolgs- und keine Hygienefaktoren[132] aufgenommen werden, besteht weiterhin die Möglichkeit, dass die anderen betrieblichen Managementsysteme zu Überwachungszwecken fortgeführt werden. Innerhalb dieser sollten dann aber nur noch Werte erfasst werden, deren Quantifizierung ohne größeren Aufwand erfolgen kann. Diese Managementsysteme sind damit an die SBSC angehängt und dienen lediglich dazu, den reibungslosen betrieblichen Ablauf zu garantieren.[133] Einer Zusammenführung aller strategischen Erfolgsfaktoren in dem Konzept der Sustainable Balanced Scorecard steht damit nichts entgegen.

Wie bereits erwähnt kann eine dimensionsübergreifende Kennzahlenbildung das Management vor erhebliche Probleme stellen, da die verschiedenen Ziel- und Messwerte nicht unbedingt miteinander vereinbar sind. Ein großer Aufwand bei der Herunterbrechung der entsprechenden Strategien ist damit unvermeidbare Voraussetzung für die erfolgreiche Implementierung der SBSC als Managementkonzept. Gerade dieser Punkt könnte eine Abschreckungswirkung auf Unternehmen haben, da bereits die Einführung einer BSC mit einer gewissen Anstrengung und Sorgfalt verbunden ist. Diese Abschreckung kann zum Teil durch externe erfahrene Berater, die während des Einführungsprozesses hinzugezogen werden, gemildert werden. Eine Beratung ist aber wiederum mit Ausgaben verbunden; dies dürfte vor allem für KMU ein Risiko darstellen. Allerdings: im Prinzip spricht nichts gegen die Möglichkeiten für die Bildung dimensionsübergreifender Kennzahlen und ihrer kausalen Verknüpfung. Das zweite Erfolgskriterium für die Implementierung nachhaltiger Managementkonzepte wird also von der Sustainable Balanced Scorecard erfüllt.

Durch den strategischen Kreislaufprozess besteht die Möglichkeit, Risiken durch die ständige Überarbeitung der Zielformulierungen zu berücksichtigen. Dies gilt für alle drei Dimensionen. Da es sich um ein strategisches Konzept handelt, werden ebenfalls mögliche Entwicklungen in der Zukunft und damit auch

---

[132] Hygienefaktoren dienen ausschließlich der Aufrechterhaltung der betrieblichen Abläufe und haben keinerlei strategische Relevanz, vgl. Hahn et al. (2002), S. 76.
[133] Ein ähnliches Vorgehen stellt Kaufmann für die Balanced Scorecard fest, vgl. Kaufmann (2002), S. 35.

mögliche Problemfelder beachtet.[134] Mittels entsprechenden Zielen kann dann einer unerwünschten Entwicklung entgegengewirkt werden.[135] Diese Möglichkeit ist vor allem im Zusammenhang mit der Steigerung der Öko- bzw. Sozial-Effektivität im Sinne einer Reduzierung der verursachten Umweltbelastungen durch das Unternehmen von Bedeutung. EKN 3 gilt damit auch für die SBSC.

Die Quantifizierbarkeit und die Kommunikation der gesetzten Ziele wurden bereits eingehend erläutert. Ein an dieser Stelle wichtiger Aspekt, der ebenfalls im Zusammenhang mit der Motivation der Mitarbeiter erwähnenswert ist, ist die mit Verwendung eines Konzepts wie der SBSC und dem damit verbundenen Kennzahlensystem entstehende Verpflichtung,[136] nachhaltig zu wirtschaften, da die Kennzahlen von den Mitarbeitern (und bei Veröffentlichung auch von externen Stakeholdern) kritisch geprüft und hinterfragt werden können. Bei einer inkonsequenten Umsetzung der ökologischen und sozialen Ziele droht den Unternehmen nicht nur ein Imageschaden; die entstehenden Zielkonflikte führen dazu, dass die Strategie und Zielsetzungen nicht mehr verständlich kommuniziert werden können. Für Global Player ist dieses Konzept somit zurzeit an dieser Stelle weniger reizvoll; kleine und mittlere Unternehmen erhalten jedoch eine Möglichkeit zur Differenzierung und damit einen Wettbewerbsvorteil.

Da bei diesem Konzept im Endeffekt jeder Mitarbeiter seine eigenen Zielvorgaben erfüllen muss, kann es zu Problemen kommen, wenn die übergeordnete Strategie nicht konsistent auf die unteren Organisationsstufen übertragen wurde;[137] treten durch eine oberflächliche und wenig durchdachte Unterteilung der Ziele Fehler auf, können Zielkonflikte beim Mitarbeiter Unverständnis und damit Motivationsverluste auslösen. Diese Probleme gelten jedoch nicht ausschließlich für die SBSC; sie können in gleicher Weise bei Verwendung der BSC auftreten und sind somit für die Erfüllung nachhaltiger Erfolgskriterien weniger relevant. Generell gilt: mittels der Sustainable Balanced Scorecard ist eine schlüssige Kommunikation der Unternehmensstrategie an die betroffenen Mitarbeiter möglich.

Des Weiteren wurde im Laufe dieser Arbeit bereits ausführlich auf die Integrierbarkeit der drei Dimensionen mittels der SBSC eingegangen. Eine Beschrän-

---

[134] Vgl. Dyllick et al. (1997), S. 39.
[135] Vgl. Boguslawski (2004), S. 213.
[136] Vgl. Caduff (1998), S. 38.
[137] Vgl. Löbel et al. (2005), S. 128.

kung auf wesentliche Erfolgsfaktoren wird zwar nötig sein, da eine ganzheitlich nachhaltige Unternehmensführung mit einem auf Kennzahlen basierenden Managementsystem aufgrund der Vielfalt der an das Unternehmen herangetragenen Ansprüche wirtschaftlich keinen Sinn macht. Anhand der entstehenden Matrix und der Identifikation von Ursache-Wirkungs-Ketten wird jedoch deutlich, dass die wichtigsten ökonomischen, ökologischen und sozialen Aspekte prinzipiell aufgenommen werden können. Das fünfte Kriterium für die Implementierung nachhaltiger Strategien wird also nur teilweise von der SBSC erfüllt.

Das letzte Kriterium hängt wiederum stark mit dem bei der Entwicklung des Konzepts betriebenen Aufwand zusammen. Zentrales Element für den Erfolg nachhaltiger Strategien ist die umfassende Kenntnis der mit dem unternehmerischen Handeln verknüpften Auswirkungen bezüglich sozialer und ökologischer Umwelten. Erneut stellt die Bildung der Ursache-Wirkungs-Ketten den Kernaspekt für das erfolgreiche Zusammenspiel der drei Dimensionen dar. Durch die konsequente Wertorientierung der entsprechenden Erfolgsfaktoren in jeder Dimension ist eine Abstimmung der Zielvorgaben in das Prinzip der Sustainable Balanced Scorecard integriert. Durch eine kontinuierliche Überarbeitung der Unternehmensstrategie besteht ebenfalls die Möglichkeit, die Ziele durch den implizierten Lernprozess derart aufeinander abzustimmen, dass Überschneidungen vermieden werden. Durch die daraus folgende optimale Ergänzung dieser Ziele untereinander kann dem Konzept der SBSC ein hoher Zielerreichungsgrad zugesprochen werden. Das sechste Erfolgskriterium spricht hier also besonders für den Gebrauch der Sustainable Balanced Scorecard als nachhaltiges Managementsystem.

Als drittes und letztes Ergebnis entsteht somit Tabelle 6. Eine zusammengefasste Darstellung der Untersuchungsergebnisse befindet sich in Anhang II.

Nummer	Kriterium für nachhaltigen Erfolg eines Managementsystems	Gilt EKN auch für SBSC?
EKN 1	Zusammenführung der verschiedenen betrieblichen Managementsysteme in einem Konzept	Ja
EKN 2	Dimensionsübergreifende Kennzahlenbildung und Identifizierung kausaler Zusammenhänge zwischen den Dimensionen	Ja
EKN 3	Risiken früh erkenn- und vermeidbar	Ja
EKN 4	Quantitative Erfassung und Kommunikation von gesetzten /erreichten Zielen	Ja
EKN 5	Grad der Integrierbarkeit ökonomischer, ökologischer und sozialer Aspekte	Teilweise
EKN 6	Abstimmung und Zusammenspiel der Ziele in den verschiedenen Dimensionen	Ja

Tabelle 6: Übertragbarkeit der nachhaltigen Erfolgskriterien[138]

5. Fazit

Der in dieser Arbeit hergestellte Vergleich des Erfolgspotentials der Managementkonzepte Balanced Scorecard und Sustainable Balanced Scorecard hat verschiedene Aspekte hervorgehoben. Zum einen besteht eine große strukturelle Ähnlichkeit, was allein schon aufgrund der Bezeichnungen nicht weiter verwundert. Zu beachten ist, dass durch die Berücksichtigung der Dimensionen der Nachhaltigkeit die übersichtliche und knapp formulierte BSC erheblich an Komplexität bezüglich der Ableitung der Ziele aus der Unternehmensstrategie zunimmt. Eine konsequent disziplinierte und präzise Erarbeitung der nachhaltigen Scorecard ist damit unerlässlich. Hierfür müssen die beteiligten Personen das entsprechende Fachwissen besitzen, was vor allem in KMU selten der Fall ist.

Zum anderen wird eine Beschränkung auf einige wesentliche Kennzahlen auch bei der SBSC notwendig sein; die Quantifizierbarkeit ökologischer und sozialer Größen stellt das Management vor eine schwierige Aufgabe. Der im Vergleich zur BSC höhere zeitliche und damit auch personelle Aufwand können eine Abschre-

---

[138] Quelle: eigene.

ckungswirkung bezüglich der Einführung eines derartigen nachhaltigen Managementsystems entfalten.

Des Weiteren wird jeder Versuch, das Leitbild Nachhaltigkeit in die komplette Unternehmensstrategie anhand von Kennzahlen aufzunehmen dadurch beschränkt, dass eine Fokussierung auf Teilaspekte aus Gründen der Übersichtlichkeit und praktischen Anwendung im laufenden Betrieb notwendig ist. Aufgrund der Normen und Werte, die einer nachhaltigen Ausrichtung eines Unternehmens zugrunde liegen, ist für eine effiziente Umsetzung und die damit einhergehende Akzeptanz bzw. das Verständnis der Ziele für die Mitarbeiter ein individueller Wertewandel weg von der Konsumkultur hin zu ressourcenschonendem Verhalten Voraussetzung. Zumindest in Deutschland und anderen europäischen Ländern hat unter anderem die aktuelle Debatte über den Klimawandel diese Veränderung der Wertvorstellung eingeläutet; die Basis für die Umsetzung des Konzepts der SBSC ist somit zunehmend vorhanden.

Problematisch ist und bleibt zumindest für absehbare Zeit, dass Nachhaltigkeit bisher wenig standardisiert und weitgehend freiwillig umgesetzt wird. Die Einführung gesetzlicher Höchstgrenzen, wie sie beispielsweise bereits für den Schadstoffausstoß vorhanden sind, kann hier in Verbindung mit dem Konzept der SBSC den Grundstein für ein systematisches und nicht nur auf Einzelunternehmen beschränktes Umsetzen von starker Nachhaltigkeit legen.

Bezogen auf die in dieser Arbeit entwickelten Erfolgskriterien zeigt sich, dass die SBSC weitestgehend den Ansprüchen konventioneller und nachhaltiger Managementsysteme gerecht wird. Die konsequente Wertorientierung und die zusätzliche Möglichkeit, Ressourcen einzusparen und das Image zu verbessern, machen dieses Konzept für Unternehmen jeder Größe interessant. Wie ist also der anfangs festgestellte Unterschied in der Häufigkeit der Verwendung der BSC und der SBSC letztendlich zu erklären? Zum einen hängt dies sicherlich damit zusammen, dass das Konzept Sustainable Balanced Scorecard relativ neu ist. Es liegen kaum statistische Angaben vor, die das wirtschaftliche Erfolgspotential belegen; auch gibt es wenige Experten mit Praxiserfahrung, die Unternehmen bei dem Implementierungsprozess unterstützen könnten. Zum anderen scheint der Aufwand bezüglich der Quantifizierung ökologischer und sozialer Erfolgsfaktoren sehr hoch zu sein. Eine Standardisierung etwa im Sinne einer Normenreihe wie die DIN EN ISO 9000ff. könnte diese Hürde zumindest verkleinern. Dennoch bleibt dem Management die Herausforderung, sich intensiv mit dem Ableiten nachhaltiger Strategie, dem Herunterbrechen der Ziele sowie dem Herstellen kausaler Zusammenhänge zwischen verwendeten Messgrößen zu befassen. Dieses Verfahren erscheint zunächst sehr ressourcenintensiv, birgt allerdings im Endeffekt auch die Chance auf große Wettbewerbsvorteile, etwa wenn eine optimale Ausnutzung von Synergieeffekten zwischen den drei Dimensionen anhand der SBSC gelingt.

Das Konzept der Sustainable Balanced Scorecard stellt sich als zurzeit sehr innovativ dar und trägt ein großes Erfolgspotential ähnlich dem der Balanced Scorecard Anfang der neunziger Jahre in sich. Die Zahl der Unternehmen, die Nachhaltigkeit in ihre Leitbilder und Visionen aufnehmen, wächst und damit auch der Bedarf an zuverlässigen und strukturierten Managementsystemen, die entsprechende Strategien umsetzen können. Die Sustainable Balanced Scorecard wird angesichts der Erfüllung der hier betrachteten 15 Erfolgskriterien dafür in naher Zukunft eine sinnvolle und attraktive Möglichkeit darstellen.

Literaturverzeichnis

Arnold, M. (2007): Strategiewechsel für eine nachhaltige Entwicklung - Prozesse, Einflussfaktoren und Praxisbeispiele, Marburg: Metropolis

Arnold, W. / Freimann, J. / Kurz, R. (2001): Sustainable Balanced Scorecard (SBS): Strategisches Nachhaltigkeitsmanagement in KMU, in: uwf Umwelt-Wirtschafts-Forum (4/2001), Heidelberg: Springer, S. 3-11

Benkenstein, M. (1997): Strategisches Marketing – Ein wettbewerbsorientierter Ansatz, Stuttgart: Kohlhammer

Boguslawski, A. (2004): Erfahrungen mit der Sustainability Balanced Scorecard in kleinen und mittleren Unternehmen, in: Institut der deutschen Wirtschaft Köln (2004): Betriebliche Instrumente für nachhaltiges Wirtschaften – Konzepte für die Praxis, Köln: DIV, S. 213-222

Breisig, T. ((2006): Betriebliche Organisation, Herne/Berlin: nwb

Caduff, G. (1998): Beschreibung und Beurteilung der umweltorientierten Leistung, in: Züst, R. / Schlatter, A. (Hrsg.): Eco-Performance - Beiträge zum betrieblichen Umweltmanagement, Zürich: Eco-Performance, S. 37-54

Clausen, J. / Mathes, M. (1998): Ziele für das nachhaltige Unternehmen, in: Clausen, J. / Fichter, K. (Hrsg.): Schritte zum nachhaltigen Unternehmen – zukunftsweisende Praxiskonzepte des Umweltmanagements, Berlin / Heidelberg: Springer, S. 27-44

Costanza, R. / Cumberland, J. / Daly, H. / Goodland, R. / Norgaard, R. (2001): Einführung in die ökologische Ökonomik, Stuttgart: UTB

Dyllick, T. / Belz, F. / Scheidewind, U. (1997): Ökologie und Wettbewerbsfähigkeit, München: Hanser

Fichter, K. (2005): Konzepte unternehmerischer Nachhaltigkeit und Nachhaltigkeitsmanagement, in: Fichter, K. (2005): Interpreneurship, Nachhaltigkeitsinnovationen in interaktiven Perspektiven unternehmerischen Handelns, Marburg, S. 17-89

Figge, F. / Hahn, T. / Schaltegger, S. / Wagner, M. (2001): Sustainability Balanced Scorecard – Wertorientiertes Nachhaltigkeitsmanagement mit der Balanced Scorecard, Lüneburg: Center for Sustainability Management

Friedag, H. (2005): Die Balanced Scorecard als ein universelles Managementinstrument, Hamburg: Kovač

Friedag, H. / Schmidt, W. (2007): Taschenguide Balanced Scorecard, München: Haufe

Funck, D. (2003): Integrierte Managementsysteme, in: Baumast, A. / Pape, J. (Hrsg.): Betriebliches Umweltmanagement – Theoretische Grundlage, Praxisbeispiele, Stuttgart: Ulmer, S. 232-241

Gazdar, K. / Habisch, A. / Kirchhoff, K. R. / Vaseghi, S. (2006): Erfolgsfaktor Verantwortung: Corporate Social Responsibility professionell managen, Berlin / Heidelberg: Springer

Hahn, T. / Wagner, M. (2001): Sustainability Balanced Scorecard – Von der Theorie zur Umsetzung, Lüneburg: Center for Sustainability Management

Hahn, T. / Wagner, M. / Figge, F. / Schaltegger, S. (2002): Wertorientiertes Nachhaltigkeitsmanagement mit einer Sustainability Balanced Scorecard, in: Schaltegger, S. / Dyllick, T. (Hrsg.): Nachhaltig managen mit der Balanced Scorecard – Konzept und Fallstudien, Wiesbaden: Gabler, S. 43-94

Horváth und Partner (2007):Balanced Scorecard umsetzen, Stuttgart: Poeschel

Horváth, P. / Kaufmann, L. (1998): Balanced Scorecard – Ein Werkzeug zur Umsetzung von Strategien, in: Harvard Business Manager (1/2004): Balanced Scorecard – Unternehmen erfolgreich steuern, S. 7-17

Jöhnk, T. (2005): Balanced Scorecard – Eine Managementmode?, in: Müller, S. / Jöhnk, T. / Bruns, A. (Hrsg.): Beiträge zum Finanz-, Rechnungs- und Bankwesen – Stand und Perspektiven, Wiesbaden: Gabler, S. 523-544

Kanning, H. (2003): Bedeutung des Nachhaltigkeitsleitbildes für das betriebliche Management, in: Baumast, A. / Pape, J. (Hrsg.): Betriebliches Umweltmanagement – Theoretische Grundlage, Praxisbeispiele, Stuttgart: Ulmer, S. 15-28

Kaplan, R. / Norton, D. (1994): Wie drei Großunternehmen methodisch ihre Leistung stimulieren, in: Harvard Business Manager (1/2004): Balanced Scorecard – Unternehmen erfolgreich steuern, S. 18-28

Kaplan, R. / Norton, D. (1996): The Balanced Scorecard – translating strategy into action, Boston: Harvard Businiss School Press

Kaplan, R. / Norton, D. (2001): Die strategiefokussierte Organisation - Führen mit der Balanced Scorecard, Stuttgart: Poeschel

Kaplan, R. / Norton, D. (2001a): Wie Sie die Geschäftsstrategie den Mitarbeitern verständlich machen, in: Harvard Business Manager (1/2004): Balanced Scorecard – Unternehmen erfolgreich steuern, S. 54-64

Kaufmann, L. (2002): Der Feinschliff für die Strategie, in: Harvard Business Manager (1/2004): Balanced Scorecard – Unternehmen erfolgreich steuern, S. 29-35

Kiunke, S. (2004): Strategische Unternehmensplanung und Balanced Scorecard – Überlegungen zu den Bedingungen der Entwicklung und Umsetzung von Unternehmensstrategien auf der Basis von Zielvereinbarungen, München: Hampp

Löbel, J. / Schröger, H. / Closhen, H. (2005): Nachhaltige Managementsysteme – Sustainable Development durch ganzheitliche Führungs- und Organisationssysteme – Vorgehensmodell und Prüflisten, Berlin: Schmidt

Nutzinger, H. / Radke, V. (1995): Wege zur Nachhaltigkeit, in: Nutzinger, H. (Hrsg.): Nachhaltige Wirtschaftsweise und Energieversorgung, Marburg: Metropolis, S. 225-256

Paech, N. (2005): Nachhaltigkeit als marktliche und kulturelle Herausforderung, in: Fichter, K. / Paech, N. / Pfriem, R. (2005): Nachhaltige Zukunftsmärkte – Orientierungen für unternehmerische Innovationsprozesse im 21. Jahrhundert, Marburg: Metropolis

Pfriem, R. (2006): Unternehmensstrategien – Ein kulturalistischer Zugang zum Strategischen Management, Marburg: Metropolis

Probst, H.J. (2007): Balanced Scorecard leicht gemacht – Zielgrößen entwickeln und Strategien erfolgreich umsetzen, Heidelberg: redline

Rebmann, K. / Tredop, D. (2005): Mitarbeiter als „Leistungstreiber" im Konzept der Balanced Scorecard – Eine wirtschaftspädagogische Betrachtung, in: Müller, S. / Jöhnk, T. / Bruns, A. (Hrsg.): Beiträge zum Finanz-, Rechnungs- und Bankwesen – Stand und Perspektiven, Wiesbaden: Gabler, S. 501-522

Schaltegger, S. (2004): Wertorientiertes Nachhaltigkeitsmanagement mit der Sustainability Balanced Scorecard, in: Institut der deutschen Wirtschaft Köln (Hrsg.): Betriebliche Instrumente für nachhaltiges Wirtschaften – Konzepte für die Praxis, Köln: DIV, S. 165-174

Schaltegger, S. / Dyllick, T. (2002): Einführung, in: Schaltegger, S. / Dyllick, T. (2002): Nachhaltig managen mit der Balanced Scorecard – Konzept und Fallstudien, Wiesbaden: Gabler, S. 19-41

Schaltegger, S. / Herzig, C. / Kleiber, O. / Klinke, T. / Müller, J. (2007): Nachhaltigkeitsmanagement in Unternehmen: von der Idee zur Praxis: Managementansätze zur Umsetzung von Corporate Social Responsibility und Corporate Sustainability; Lüneburg: Bundesministerium für Umwelt, Naturschutz und Reaktorsicherheit; econsense - Forum Nachhaltige Entwicklung der Deutschen Wirtschaft e.V.; Centre for Sustainability Management (CSM) der Leuphana Universität Lüneburg

Schlatter, A. (1998): Erfolgskriterien bei der Erstellung eines Umwelt-Informationssystems, in: Züst, R. / Schlatter, A. (Hrsg.): Eco-Performance – Beiträge zum betrieblichen Umweltmanagement, Zürich: Eco-Performance

Schoenheit, I. / Remmers, B. (2005): Nachhaltigkeitscontrolling – Entwicklung und Einführung einer Sustainable Balanced Scorecard in einem mittelständischen Unternehmen am Beispiel von Wilkhahn, in: Schäffer, U. / Weber, J. (Hrsg.): Bereichscontrolling – Anwendungsfelder des Controlling, Stuttgart: Poeschel, S. 396-402

Schreyögg, G. / Steinmann, H. (2002): Management – Grundlagen der Unternehmensführung, Wiesbaden: Gabler

Thommen, J.-P. (2001): Management und Organisation – Konzepte, Instrumente, Umsetzung, Zürich: Versus

URL: http://www.emas.de/unterrubrik-15.html, Stand: 05.03.2008

URL: http://www.ib.hu-berlin.de/~kumlau/handreichungen/h120/abb1.gif, Stand: 05.03.08

URL: http://www.nachhaltigkeit.aachener-stiftung.de/artikel/brundtland-report_563.htm, Stand: 05.03.2008

Wöhe, G. (2002): Einführung in die allgemeine Betriebswirtschaftslehre, München: Vahlen

Anhang

Anhang I: Die vier Perspektiven der Balanced Scorecard

Anhang II: Tabellarische Übersicht der Ergebnisse

Anhang I: Die vier Perspektiven der Balanced Scorecard

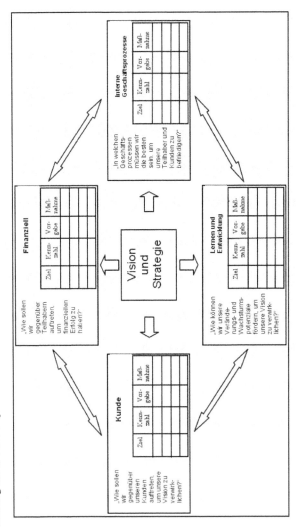

Abbildung 10: Die vier Perspektiven der Balanced Scorecard[139]

---

[139] Quelle: http://www.ib.hu-berlin.de/~kumlau/handreichungen/h120/abb1.gif (Stand: 5.3.08), in Anlehnung an Kaplan / Norton (1996), S. 9.

Anhang II: Tabellarische Übersicht der Ergebnisse

Nummer	Erfolgskriterium der BSC	Übertragbarkeit auf SBSC
EK 1	Offene Struktur des Konzepts / Beliebigkeit der Perspektiven	Ja
EK 2	Jede Art von Erfolgsfaktoren ist aufnehmbar / kann berücksichtigt werden	Teilweise
EK 3	Homogene Zielsetzung entlang der Hierarchieebenen	Ja
EK 4	Klare Kommunikation und Vermittlung der Strategie an alle Mitarbeiter	Ja
EK 5	Kommunikation entlang der Hierarchieebenen und knappe, eindeutige und durchdachte Zielsetzung fördert die Verständlichkeit der Unternehmensstrategie intern	Ja
EK 6	Das Konzept ist gut umsetzbar, da Mitarbeiter motiviert und einbezogen werden; Scorecardchampions helfen bei der Umsetzung von Zielen	Ja
EK 7	Regelmäßige Feedbacks und Lernprozesse unterstützen die konsistente Zielbildung und die Aufdeckung logischer kausaler Zusammenhänge	Ja
EK 8	(größtenteils) quantifizierbare und vom Management beeinflussbare Ziele	Kaum
EK 9	Hoher Aufwand und Präzision bei der Erstellung führen zu Kostenersparnis	Ja
EKN 1	Zusammenführung der verschiedenen betrieblichen Managementsysteme in einem Konzept	Ja
EKN 2	Dimensionsübergreifende Kennzahlenbildung und Identifizierung kausaler Zusammenhänge zwischen den Dimensionen	Ja
EKN 3	Risiken früh erkenn- und vermeidbar	Ja
EKN 4	Quantitative Erfassung und Kommunikation von gesetzten /erreichten Zielen	Ja
EKN 5	Grad der Integrierbarkeit ökonomischer, ökologischer und sozialer Aspekte	Teilweise
EKN 6	Abstimmung und Zusammenspiel der Ziele in den verschiedenen Dimensionen	Ja

Tabelle 7: Übersicht der Ergebnisse[140]

---

[140] Quelle: eigene.